Secretos de la
mujer de
Proverbios 31

Secretos de la mujer de Proverbios 31

*Nuevas perspectivas sobre la sabiduría
bíblica para la mujer*

Rae Simons

inspiración para la vida
CASA PROMESA
Una división de Barbour Publishing, Inc.

Secretos de la mujer de Proverbios 31
© 2018 por Casa Promesa

ISBN: 978-1-68322-413-6

Desarrollo editorial: *Semantics, Inc.*
semantics01@comcast.net

Publicado por Casa Promesa, 1810 Barbour Drive, Uhrichsville, Ohio 44683,
www.casapromesa.com.

Nuestra misión es inspirar al mundo con el mensaje transformador de la Biblia.

Impreso en Estados Unidos de América

Introducción

El libro de Proverbios está repleto de imágenes verbales que nos ayudan a entender profundas verdades. Una de las que se repite una vez tras otra es la comparación de la sabiduría con la mujer. Esta mujer es fuerte y sincera; clama en las calles (1:20). Aún aprendemos más sobre ella en el largo pasaje que se encuentra en el capítulo treinta y uno.

Este pasaje de la escritura afirma, versículo tras versículo, nuestra identidad como mujeres. La mujer que vemos en Proverbios 31 se compromete con sus relaciones; su esposo e hijos dependen de ella, y son bendecidos por ella. Trabaja con esfuerzo y eficiencia, con iniciativa y creatividad. Sabe cómo emplear sus habilidades para ganarse la vida, pero además tiende la mano a aquellos que lo necesitan. Pero también se preocupa de ella misma.

Cada detalle no pretende describir a una mujer en concreto. En otras palabras, ¡no necesitamos añadirlos a nuestra lista de tareas! En su lugar, Proverbios 31 nos muestra una imagen más panorámica de lo que todas somos capaces de ser como mujeres. Es como un espejo que Dios sostiene para que nos miremos en él, y entonces dice: "¿Ves? Cuando te creé, esto es lo que yo quería que tú fueras".

Como mujeres, Dios nos llama a representar el amor y la sabiduría. Cada una de nosotras lo hará de forma diferente, con nuestras habilidades singulares y nuestras fuerzas individuales, pero todas tenemos cosas maravillosas que ofrecer al mundo. No debemos temer a ser fuertes, sabias o a intentar nuevas cosas. ¡Dios cree en nosotras!

Esta es la clase de libro diseñado para ser leído lentamente, una meditación a la vez. Al hacerlo así tendrás tiempo de reflexionar en cada parte de este texto bíblico y aplicarlo a tu propia vida. Mujer, ¡oye lo que Dios tiene que decirte a través de Proverbios 31!

PARTE I

*Mujer virtuosa, ¿quién la hallará? Porque su estima
sobrepasa largamente a la de las piedras preciosas.*
—VERSÍCULO 10 RVR 1960

Fuerte, capaz, creativa

Cuando oyes la frase *mujer virtuosa*, ¿qué te trae a la mente? La mayoría de nosotras pensamos en una "buena mujer", alguien que obedece la Biblia y evita el pecado. Personalmente, me imagino a una señora vestida con ropa modesta y anodina, con una mirada tranquila en su rostro. Por desgracia, no me identifico con esta mujer porque sé que no estoy a la altura de su serenidad y pureza. Y, si soy honesta, bueno, francamente, la encuentro un poco aburrida.

Como mujeres del siglo XXI, nos resulta difícil conciliar nuestras propias vidas con el antiguo patrón de excelencia que nos ofrece Proverbios. ¡Hoy, nuestra cultura es tan diferente a la que existía en Oriente Medio, centenares de años antes de Cristo! Sumado a nuestra dificultad, a lo largo de los siglos los hombres cristianos han esgrimido estos versículos ante sus esposas e hijas como el ejemplo perfecto de lo que una mujer cristiana debería ser. A veces, como mujeres, podemos sentirnos un poco resentidas por exigirnos tanta "bondad".

Sin embargo, nuestra disconformidad con estos versículos puede ser causada, en parte, sencillamente por las diferencias de nuestro lenguaje del siglo XXI con el que se utilizaba en el siglo en el que se escribieron las distintas versiones de la Biblia. Si observas la palabra *virtuoso* en un diccionario moderno, verás que significa "justo, moralmente recto, santo, de principios, ético". No hay nada malo en ser todas esas cosas, ¡por supuesto que no! Pero esta definición no es exactamente lo que el escritor antiguo tenía en mente, ni tampoco la que los traductores de los distintos siglos tuvieron como objetivo cuando utilizaron la palabra *virtuosa*. Volviendo a los años 1600, alguien virtuoso era fuerte y valiente, repleto de poder para obrar el bien en el mundo. Era una palabra empleada para describir a caballeros, no a pequeñas mujeres modestas.

Si recurrimos a otras versiones de la Biblia, observamos que donde la versión Reina Valera, por ejemplo, utiliza *virtuosa*, las traducciones más modernas de Proverbios emplean palabras como *excelente, capaz, diligente, noble* y *respetable*. Estas palabras nos acercan un poco más a lo que el escritor antiguo tenía en mente hace milenios, cuando escribió estos versículos.

La palabra hebrea utilizada aquí nos vuelve a dirigir, de una forma incluso más directa, a la comprensión de lo que significaba ser virtuoso en el siglo diecisiete. La palabra es *chayil* y, según la Concordancia Strong, significa "fuerte, eficaz y valiente". Es una palabra que se empleaba para describir ejércitos, tropas valientes y poderosas, con infinidad de recursos.

Nuestra moderna sociedad de hoy considera con frecuencia que la bondad es aburrida, pero las culturas anteriores sabían que era justo lo contrario. Las buenas personas son fuertes y valientes, cambian el mundo a mejor; son las personas que Dios utiliza para lograr cosas asombrosas. Cuando el autor de Proverbios escribió este pasaje, ¡ni por asomo imaginaba a una mujer aburrida!

De hecho, la imagen de la mujer perfecta en la Biblia era bastante radical. Durante la época precristiana, se solía considerar que las mujeres eran personas de segunda clase, inferiores a los hombres; pero estos versículos de Proverbios ofrecieron una perspectiva muy diferente. La mujer de Proverbios 31 era fuerte, capaz y creativa.

Estas palabras, escritas hace miles de años, nos siguen inspirando y animando hoy como mujeres. Dios nos lama a ser "caballeros valientes de un brillante ejército, que lucha por llevar la justicia y el amor de Dios al mundo que nos rodea".

Amado Dios, te pido que me ayudes a ser una mujer verdaderamente virtuosa. Hazme fuerte con tu fuerza y valiente con tu valor. Úsame para hacer grandes cosas.

¿Cómo viviremos?

La palabra *virtud* aparece a lo largo de toda la Biblia. Cuando nos fijamos en la forma en que se utiliza en otros versículos de las Escrituras, nos podemos hacer una idea más clara de lo que significa ser una "mujer virtuosa".

En 2 Pedro 1:5, Pedro escribe: "Poniendo toda diligencia por esto mismo, añadid a vuestra fe virtud; a la virtud, conocimiento" (RVR1960). Nos está diciendo que necesitamos apoyar nuestra confianza en Dios con la bondad activa de la virtud. En otras palabras, ¡nuestra fe nos inspira a actuar! Nos da energía para lograr grandes cosas, pero no nos limitamos a correr de un lado a otro, y a hacer todo lo que se nos ocurre; templamos nuestra virtud con entendimiento y sabiduría.

Cuando el salmista escribió: "Según avanzan los peregrinos, cobran más fuerzas, y en Sión se presentan ante el Dios de dioses" (Salmos 84:7 RVR1960), la palabra hebrea traducida "fuerza", es la misma que se vierte como "virtuosa" en Proverbios 31 y, una vez más, está relacionada con los ejércitos bien abastecidos que pueden luchar confiada y valientemente. Aquí, la promesa es para todos lo que "moramos en la casa de Dios": creceremos en poder, valor, y en nuestra capacidad de hacer la obra de Dios.

En el libro de Rut, cuando Boaz anunció a su comunidad que se iba a casar con Rut, los ancianos le dijeron: "¡Que el Señor haga que esta mujer que va a ser parte de tu hogar sea como Raquel y Lea, de quienes descendió toda la nación de Israel! Que prosperes en Efrata" (4:11 NTV). En este versículo, la palabra hebrea traducida "prosperidad" es *kjáil*, la misma que se utiliza para "virtud" en Proverbios 31. Los ancianos judíos comparaban a Rut, una mujer de Moab, con Raquel y Lea, dos de las grandes mujeres del Antiguo Testamento, cuya energía y valor ayudó a hacer de Israel una nación fuerte.

Por tanto, ¿qué significa esto hoy para nosotras como mujeres? Si somos mujeres virtuosas ¿cómo viviremos? ¿Qué pensaremos de nosotras mismas?

Señor de mi vida, te pido que me ayudes a verme con tus ojos. Que pueda ver a la mujer fuerte a la que has llamado para servirte. Disipa mi inseguridad. Sana mi sentido de no ser lo suficientemente buena, talentosa, lista o capaz. Creo en ti, Señor, y ahora te pido que añadas energía y valor a mi fe. Me pongo en tus manos, y confío en que me guiarás de fuerza en fuerza. Hazme como Rut, como Raquel y como Lea. Úsame para edificar tu casa.

Mujer de virtud

Me pregunto si el autor antiguo tenía a una mujer real
en su mente, alguien a quien conocía, cuando se sentó a
escribir estos versículos en Proverbios. ¿Fue su esposa quien
lo inspiró a escribir estas palabras? ¿O su madre? ¿Se dio
cuenta de que el mundo estaba repleto de mujeres virtuosas
con una fe activa en Dios, quienes trabajaban arduamente
para hacer del mundo un lugar mejor para todas nosotras?

Cuando considero mi propia experiencia, veo cuántas
mujeres virtuosas han moldeado mi vida. Pienso en mi
madre que me leía cada noche antes de acostarme, incluso
cuando se caía de sueño después de un largo día de trabajo.
Pienso en mi suegra, quien siempre me recibía en una casa
impregnada del aroma de la salsa de tomate recién hecha.
Pienso en mis amigas y hermanas, mujeres que me han
conocido durante toda mi vida, año tras año. Pienso en
mis profesoras y mentoras, mujeres que me han mostrado
cómo crecer, cómo llegar más lejos y escalar más alto, tanto
profesional como espiritualmente.

Todas tenemos mujeres así en nuestra vida. Y cuando
observamos la historia, vemos a otras mujeres virtuosas,
una larga cadena de mujeres a lo largo de los siglos. Las
grandes mujeres del Antiguo Testamento, Sara, Ester y
Débora, por ejemplo, nos son ejemplos de mujeres que
no son ni tímidas ni aburridas, sino decididas y activas,
que respaldaron con valentía a su pueblo. Si dirigimos
nuestra atención a la historia más reciente, mujeres como
Harriet Beecher Stowe y Florence Nightingale demostraron
una y otra vez que las mujeres valientes podían cambiar
el mundo para mejor. El libro de Harriet Beecher Stowe,

La cabaña del Tío Tom, influyó de una forma tan poderosa en la mente de los lectores, que ayudó a provocar el final de la esclavitud en los Estados Unidos; al mismo tiempo, Florence Nightingale mejoró los tratamientos médicos de los soldados en tiempos de guerra, además de abrir el campo de la enfermería para las mujeres. En el siglo XX, el valor de Rosa Parks desencadenó el movimiento por los derechos civiles; y la dedicación de la Madre Teresa a los pobres inspiró al mundo a hacer más por los menesterosos. Todas estas mujeres vivieron vidas de fe y compromiso, y entregaron todas sus fuerzas para servir a Dios y a los demás.

Esas mujeres virtuosas, que nos han precedido, pueden estimularnos y alentarnos. Desde nuestra perspectiva, estas mujeres pueden parecer heroínas extraordinarias, pero, desde la suya, eran tan solo mujeres corrientes, que se levantaban cada mañana y hacían tareas cotidianas con amor y entrega. Realizar esas "cosas corrientes" una y otra vez requiere a veces, el mayor valor y la mayor fuerza; y aquellas cosas aparentemente pequeñas, son, a menudo, las que Dios usa para cambiar el mundo.

Amado Dios, te doy las gracias por las mujeres
virtuosas que me han precedido. Gracias por todas
las formas en las que las has usado para traernos
tu amor al mundo y a mí. Que sus ejemplos
puedan inspirarme. Te pido que me uses como las
usaste a ellas. Que además pueda trabajar con
valentía por tu reino. Me entrego a ti, Señor.

Tesoros interiores

Según el autor de Proverbios, el precio de una mujer virtuosa "sobrepasa largamente al de las piedras preciosas" (RVR1960). A primera vista, no estoy segura de que me guste la idea de que una mujer tenga un precio, aunque este sea elevado. Después de todo, las mujeres no son bienes; no se nos puede comprar ni vender. Pero cuando me fijo de nuevo, me doy cuenta de que eso es exactamente lo que indican las Escrituras: no se le puede poner precio alguno, cualquiera que sea, a una mujer virtuosa, pues no es algo que se pueda comprar. De hecho, es más valiosa que cualquier riqueza material.

En la Biblia solo hay otra cosa más valiosa que los rubíes, aparte de la mujer virtuosa: la sabiduría. Proverbios 3:15 nos indica que: "La sabiduría es más preciosa que los rubíes; nada de lo que desees puede compararse con ella" (NVI). Job 28:18 afirma que "la sabiduría vale mucho más que los rubíes" (NTV), y en Proverbios 20:15 leemos que "Las palabras sabias son más valiosas que... multitud de rubíes" (NTV). Por deducción, Proverbios 31 compara a la mujer virtuosa con la sabiduría. ¡Es todo un cumplido!

La sabiduría es superior a la inteligencia, y mucho más profunda que el conocimiento. Es uno de los atributos propios de Dios. Según la Biblia, el sabio no solo sigue todas las normas, sino que actúa, piensa, y vive en total armonía con la voluntad de Dios.

La sabiduría es otro aspecto de la mujer virtuosa de Proverbios 31. Una mujer de virtud vive en armonía con Dios, y esa avenencia se esparce a través de su vida. Como resultado, también vive en concordia con los demás. La sabiduría la dirige a actuar de formas que producen paz entre ella y quienes la rodean; la sabiduría también la conduce a estar en armonía consigo misma. Al permitir que la voluntad de Dios la envuelva, halla una sensación de autoestima y de paz interior. Sabe que su valor proviene de Dios.

Aristóteles declaró: "Conocerse es el principio de la sabiduría". Cuando empecemos a conocernos, también comenzaremos a conocer a Dios; y cuando lleguemos a conocer a Dios, nos conoceremos mejor. Esto funciona en ambos sentidos.

Esta es la fuente de nuestra sabiduría como mujeres: estamos realizando un viaje de descubrimiento junto a Dios. Él señala en nosotros las cosas que valora; nos revela lugares en los que podemos crecer; nos guía hacia una aventura que durará toda nuestra vida, y que continuará incluso después de esta. ¡Quién sabe qué tesoros descubriremos en Dios y dentro de nuestros propios corazones durante el camino!

Amado Señor, gracias por valorarme. Ayúdame a conocer mi verdadero valor ante tus ojos. Enséñame a seguir la sabiduría. Ayúdame a vivir en completa armonía contigo mientras viajo por la vida.

Más valiosa que los rubíes

Como mujeres, muchas de nosotras nos enfrentamos a nuestra autoestima. Vivimos en un mundo que nos impone el dar la talla en múltiples niveles. Hemos de demostrar nuestro valor una y otra vez, en todo tipo de maneras.

En primer lugar, nuestro aspecto ha de ser de determinada forma. Debemos tener cuerpos moldeados de acuerdo con los estándares que nuestra sociedad considera hermosos (independientemente de lo imposible que pueda ser conseguirlo para la mayoría de las mujeres). Nuestro cabello y nuestra ropa deben estar a la moda, y nuestro rostro perfectamente maquillado. Cuando nos subimos a la báscula, debemos ver números que se aproximen a los cuarenta y cinco en lugar de a los noventa.

Al mismo tiempo, necesitamos hacer malabarismos con las funciones que desempeñamos. La mayoría de nosotras somos mujeres trabajadoras obligadas a competir en el mundo profesional. Debemos llegar a tiempo, ser eficientes, mantenernos frescas, prestar atención, trabajar para estar en la cima, y ganar lo suficiente para ayudar en el sustento de nuestra familia. Sin embargo, al mismo tiempo hemos de ser capaces de cuidar de ella. Criamos hijos y cuidamos de unos padres ancianos. Somos amigas fieles y sensibles, y esposas amorosas. ¡Pero eso no es todo! También tenemos que mantener limpia nuestra casa, preparar la comida, colaborar en la iglesia y en nuestra comunidad, y, de algún modo, permanecer en calma en medio de todo ello. Sobre todo, queremos hacer felices a todos. ¡Queremos hacer cuanto podamos para gustarle a todo el mundo!

Cuando no podemos conseguir todo esto (¿y quién puede?), nuestro sentido de la propia valía cae en picado. Nos comparamos a las que nos rodean y que parecen estar haciéndolo mucho mejor que nosotras en verse más bellas, más listas, más realizadas, más amorosas y más amadas. Nos desanimamos y nos llenamos de desesperación. Dudamos de nuestra propia valía.

Pero Proverbios 31 no dice que nuestro valor se base en ninguna de estas cosas. Afirma que, cuando somos mujeres virtuosas, mujeres de fuerza y coraje, tenemos más valor que ninguna joya. No alude en absoluto a que nuestro valor dependa de lo limpia que esté nuestra casa ni de cuál sea nuestro peso. ¡Ni siquiera a cuánto les gustemos a los demás!

A Dios no le preocupa ninguno de estos estándares con los que solemos definirnos tan a menudo. Tengamos sobrepeso o seamos delgadas, nos vistamos bien o como espantapájaros, desaliñadas o arregladas, profesionales o madres amas de casa, populares o inadaptadas sociales, todas tenemos el mismo valor. ¡Somos más valiosas que los rubíes, porque Dios nos ha llenado de virtud!

Amado Dios, sabes lo duramente que he intentado ser todo aquello que se espera de mí. Me agoto trabajando tanto para ser buena en todas las funciones que desempeño. De verdad quiero ser eficiente en todas las tareas que desempeño, tanto en casa como en el trabajo. Y deseo tanto hacer felices a aquellos a los que amo. Te ruego que, cuando me centre demasiado en estas cosas, me ayudes a recordar que he de enfocar mi atención en ti. Ayúdame a depender de tu perspectiva y no de las expectativas de la sociedad. Dame confianza en la fuerza que me has dado, la fuerza para amar, para servirte y para hacer el bien en el mundo.

PARTE II

*Su esposo confía plenamente en ella y no necesita
de ganancias mal habidas. Ella le es fuente de
bien, no de mal, todos los días de su vida.*
—Versículos 11-12 nvi

Lo bastante profundo

El esposo de la mujer de Proverbios 31 confía plenamente en ella, porque ha demostrado ser digna de confianza. En primer lugar, resulta tentador saltarse rápidamente esa declaración, y pensar para nuestros adentros: *Por supuesto que soy digna de confianza. Nunca engañaría a mi esposo. Y hago más de lo que está en mi mano para que este matrimonio funcione. ¡A mi esposo no le falta de nada, desde luego no por mi causa!* Pero a veces deberíamos echarnos un vistazo sincero. ¿Pueden confiar nuestros esposos en que les comprendemos, incluso cuando la comprensión pudiera pedirnos que ajustásemos nuestra forma de pensar o nuestros comportamientos? ¿Les falta nuestro respeto en lo tocante a sus intereses y emociones? ¿Somos impacientes con ellos, nos irritamos con facilidad? ¿Realmente nuestro objetivo es ser para ellos fuente "de bien, no de mal" cada día?

Sospecho que muchas veces estamos tan ocupadas con nuestras muchas responsabilidades, que las necesidades de nuestros maridos quedan en segundo plano. En cambio, parece que estamos más pendientes de todas las formas en las que desearíamos que ellos nos ayudaran, y entonces nos sentimos frustradas y enojadas si no lo hacen. Nuestras propias necesidades están en la primera fila de nuestra conciencia. Cuando pensamos en nuestros maridos, por lo general solemos centrarnos en lo que conseguimos de ellos à nivel emocional, ¡y es posible que nos quejemos mucho de lo que no logramos! Quizás prestemos menos atención a nuestros propios fallos en la relación.

Esto no significa que necesitemos ser esposas "felpudo" y sumisas en el sentido antiguo de la palabra. Dios no nos pide que seamos infieles a nuestras propias necesidades ni que neguemos nuestras identidades que Dios nos ha dado. En lugar de esto, podríamos formularnos estas preguntas: ¿Es mi marido tan real hacia mí como lo soy yo misma? O ¿lo veo como alguien que espero tener ahí a mi conveniencia, alguien cuyo trabajo consiste en hacerme la vida más fácil? ¿Considero sus necesidades tan importantes como las mías? ¿Lo acepto de forma incondicional?

El psicólogo Carl Rogers se refirió al "respeto positivo incondicional" cuando escribió sobre los importantes componentes de una relación saludable. La capacidad de preocuparte por tu compañero, y de comunicar tu preocupación, sin juzgar demasiado, es la esencia de una relación íntima saludable.

No es fácil, por supuesto, ¡pero nadie dijo que el matrimonio lo fuese! Estar casada no es una decisión que puedas tomar una vez y se acabó. La ceremonia de la boda no nos transforma en "personas casadas" como por arte de magia. Estar casadas es un proceso que dura toda la vida, uno al que debemos encomendarnos una y otra vez. Debemos elegir estar casadas a diario, y eso significa superar nuestra inmadurez y nuestras emociones. Significa elegir profundizar para que nuestros maridos puedan confiar en que seremos fuente únicamente de bien.

Dios de amor, gracias por mi esposo. Dame fuerzas hoy para pasar por alto mi preocupación por mí. Ayúdame a ver realmente a este hombre con el que estoy casada. Muéstrame dónde no le he comprendido, dónde me he preocupado demasiado de mis propios asuntos y no he visto los suyos. Permíteme encontrar la forma de ser una fuente de bien en su vida.

Salto de fe

"Estás actuando como una princesa egoísta", solíamos decirle a nuestra hija cuando era más joven. Pero debo admitir que yo también tengo una princesa egoísta que vive dentro de mí. Es ella la que siempre quiere estar al control. Desea que su marido le haga la vida más fácil, no más difícil. En realidad, casi lo trata como su esclavo.

Y cuando no siempre colabora, me frustro y me enojo como una niña de cuatro años. Sin embargo, cuando mis peticiones se convierten en exigencias, no respeto la personalidad de mi esposo. No es mi esclavo, no fue colocado en la tierra para mi única conveniencia. La esclavitud ve a otro ser humano como un mero objeto, pero el amor verdadero honra a esa persona.

A las personas casadas se las denomina "ayuda idónea", porque, de hecho, intentan ayudarse el uno al otro. A menudo espero la ayuda de mi marido para todo, desde matar a una araña hasta abrir botes, y admito que él rara vez me pide algo que me parezca irrazonable o demasiado exigente. A veces me pide que le rasque la espalda o que le traiga una bebida cuando está trabajando. La mayoría de las veces no pide exactamente, tan solo insinúa (como cuando hace bastante tiempo que no he cocinado su plato favorito). A veces, del mismo modo, cuando los dos estamos en la cama comienzo a quejarme de lo sedienta que estoy; gruñe, pero se levanta a traerme un vaso de agua.

Pero esas son simples peticiones. Es fácil fijarme solo en eso, y darme una palmadita en la espalda por ser tan buena esposa. Pero entonces acude a mi mente otro acontecimiento reciente.

Nuestro auto familiar necesitaba reparación, y mi esposo y yo acordamos reunirnos en la estación de servicio a una hora determinada. Lo dejaríamos allí, y yo tomaría el que él suele usar normalmente, y yo lo llevaría a él de nuevo en la oficina. Después yo tenía que asistir a una cita, y llevar a cabo otras responsabilidades que tuve que acoplar antes de que terminara el día de trabajo. El horario que había planeado para mí era muy ajustado, así que me irrité mucho cuando llegué a la estación de servicio y vi que mi esposo no estaba allí. Cuando lo llamé, me pidió con voz brusca que lo esperase un poco más.

Pasó una hora. Tuve que llamar y cancelar mi cita. Seguí mirando la hora y frustrándome cada vez más. Ya no había manera de que pudiera hacer todo lo que tenía que hacer. Sentí que no tenía en absoluto control sobre mi propia vida, y me sentí resentida con mi marido por hacerme eso. Cuando llegó, estaba muy furiosa.

"¿Cómo puedes ser tan egoísta?", le pregunté. "¿Se te ha ocurrido en algún momento que yo también tengo cosas que hacer?". Y podría haber añadido otras cuantas cosas.

Me espetó una rápida y enojada respuesta. Su voz estaba a la defensiva, y apenas me miró. De hecho, parecía preocupado, como si no pudiera importarle menos mi caótico día. *Menudo imbécil*, pensé mientras lo dejaba en el trabajo. Ni siquiera nos dijimos adiós, pues se bajó y regresó rápidamente a su lugar de trabajo.

Cuando llegó a casa aquella noche, sentía haber perdido los estribos. Lo sentí aún más cuando me enteré de que se había visto en medio de una crisis de seguridad en el trabajo, algo de lo que no pudo hablar hasta que acabó. Pero yo no confié lo bastante en él como para proporcionarle la ayuda que necesitaba, sin quejas. No pensé en ser una fuente de bien para él. (Principalmente estaba pensando en cuánto quería machacarlo).

Dejar a un lado nuestras agendas personales no es algo que surja de forma natural, sobre todo si no vemos una buena razón por la que debiéramos hacerlo. A veces significa dar un pequeño salto de fe pura y ciega. Cuando lo hacemos, les proporcionamos a nuestros esposos la razón para que tengan confianza en nosotras.

Amado Jesús, siempre fuiste fiel a ti mismo cuando estuviste en la tierra, y aun así te diste en amor a los demás. Muéstrame cómo hacer lo mismo con mi esposo. Que no me enoje con tanta rapidez. En su lugar, enséñame a depender más de tu amor, sabiendo que todo funcionará para la gloria de Dios, incluso mi ajustada agenda.

Deja que fluya el amor

¿Con cuánta frecuencia le dices a tu marido que lo amas? Es un hábito fácil de adquirir, y cuanto más a menudo pronunciemos las palabras, más seguros se sentirán nuestros esposos. Es un hábito que también da otros tipos de fruto.

A veces, entramos en círculos viciosos en los que volvemos locos a nuestros maridos; se sienten heridos y exasperados, por lo que sueltan una respuesta enojada. Nos hiere su voz enojada, así que nos ponemos a la defensiva, y el círculo gira y gira hasta que algo o alguien lo rompen. Sin embargo, podemos optar por elegir formar "círculos de amor". Los psicólogos han descubierto que con cuanta mayor frecuencia se expresa el amor, más amor se tiende a sentir. Este ciclo productivo y amable fortalece el sentimiento que inspira las palabras, y así sucesivamente.

No tenemos que esperar que nuestros esposos inicien estos ciclos de amor. Cuanto más les expresamos nuestro amor a nuestros maridos, más probable será que respondan con sus propias expresiones de amor, y formen otro círculo beneficioso y creativo para sustituir los círculos viciosos en los que caemos con tanta facilidad.

El matrimonio es una oportunidad para permitir que el amor de Dios fluya a través de nosotras. Por lo general, nuestra cultura contempla las cosas de forma diferente; la mayoría de las personas se pasan la vida buscando la forma en que los demás les pueden ser útiles. Quizás hayamos contraído matrimonio con la misma actitud, y esperemos que nuestros esposos nos hagan sentir amadas, en lugar de buscar oportunidades de demostrarles nuestro amor. A menudo esperamos que sean ellos quienes nos digan primero que nos aman antes de responder con amabilidad. Incluso dentro del compromiso del matrimonio, queremos saber que estamos seguras antes de exponer nuestros corazones para no ser heridas.

Pero esa no es la forma en la que Dios ama. Su amor es completamente vulnerable. No hay barreras de protección alrededor. Él da sin esperar nada a cambio. No espera reciprocidad. Sencillamente se derrama en nuestras vidas, sin importar las veces que estemos tan centradas en nuestras preocupaciones como para darnos cuenta.

¿Qué sucedería si intentáramos amar a nuestros maridos de esa forma?

Amado Dios, cada uno de mis días está repleto de tu amor. Lo veo en todas partes, en el mundo de la naturaleza, en mis amigos, en mi familia, en tu Espíritu que llena mi corazón. Nunca retienes tu amor. Lo entregas de forma libre, incondicional e ilimitada. Sé que no puedo esperar amar de una forma tan perfecta como tú, pero permite que procure moldear mi amor por mi marido conforme al tuyo. Que pueda ser rápida en expresar amor, lenta para manifestar el enojo y la impaciencia. Que pueda estar atenta a sus necesidades, tan sensible a sus sentimientos como lo soy a los míos. Ayúdame a ser un canal para mi esposo, por el que pueda fluir tu amor.

Junios cálidos y dulces

Nuestra romántica visión de cuento de hadas sobre el matrimonio nos conduce a esperar que, una vez que dos personas se casan, serán felices para siempre; fin de la historia. Así que cuando nos topamos con largos períodos de aburrimiento e infelicidad, dudamos de nuestro amor. Después de todo, de acuerdo con los dictados de nuestra cultura, si no somos felices algo va mal; y a menudo asumimos que la falta recae en nuestros maridos. Está claro: ¡no nos aman lo suficiente! Si lo hicieran, seríamos felices. Aún deberíamos sentir el mismo amor y gozo que sentíamos al principio de nuestra relación. Ese sentido de "algo va mal" puede hacernos construir muros alrededor de nuestros corazones. Nos sentimos como si necesitásemos retirarnos de nuestros esposos, desplegar nuestras defensas; parece perfectamente sensato poner nuestras necesidades en primer lugar. Perdemos la confianza en nuestros maridos y, como respuesta, les damos motivos para que pierdan la confianza en nosotras.

Estos momentos les llegan incluso a los matrimonios más fuertes, sobre todo durante los primeros años, antes de que la experiencia nos proporcione una mayor perspectiva. Sin embargo, con el paso de los años podemos aprender que, como ocurre con las estaciones, el amor matrimonial tiene ciclos. A veces, nuestros matrimonios parecen tan fríos y muertos como el mes de enero, pero si esperamos, si somos pacientes, siempre vuelve a llegar la primavera. Entonces, tal vez nos sorprendamos (y alegremos) por volvernos a enamorar de nuestros esposos una vez más. Sería más sencillo salir corriendo la primera vez que los fríos cielos grises de noviembre se asientan sobre nuestros matrimonios. ¡Pero piensa en todos los junios cálidos y dulces que nos perderíamos si lo hiciésemos!

Los libros y las películas románticas no nos preparan para la realidad del matrimonio. Desde que éramos niñas, crecimos con las palabras: "Y vivieron felices para siempre". Ni uno solo menciona que la felicidad es un arduo trabajo. Pero la verdad es que, tras caer el uno en brazos del otro, y declarar nuestra pasión mutua, después de haber ido incluso más allá y haber dicho: "Sí, quiero", ahí es dónde comienza la verdadera historia. Y esa historia está repleta de gozo y ternura, pero también llena de frustración y autodisciplina.

Por definición, el matrimonio requiere que dos entidades distintas se conviertan en una. Hacer que dos individuos totalmente separados sean un ente único no es tarea fácil, por enamorados que estemos. R. C. Sproul declaró una vez: "Si te imaginaras a tu madre casada con tu suegro, y a tu padre casado con tu suegra, tendrías una buena imagen de las dinámicas del matrimonio". Amo tanto a mis padres como a mis suegros, pero esa frase siempre me hace sonreír, pues crea una imagen en mi mente de dos uniones absurdas. Sin embargo, mi sonrisa no es tan amplia cuando la frase de Sproul se hace clara en mi propio matrimonio.

Lograr una unión pacífica es difícil, y la unidad no es algo que se produzca de la noche a la mañana. La ceremonia matrimonial no elimina como por arte de magia las diferencias entre el marido y la mujer ni anula nuestras naturalezas egoístas. La armonía del matrimonio requiere aceptar que es inevitable que surja el conflicto; también exige un compromiso de reconciliación permanente, durante toda la vida. Ese compromiso crea un lugar seguro, un lugar en el que nuestros esposos pueden confiar en nosotras, donde podemos ser fuente de bien, y recibir a cambio el bien.

Amado Señor, te pido que fortalezcas mi compromiso con mi esposo. Que no me limite a dejarme llevar por los altibajos del matrimonio por costumbre, sino que busque ser fuente de bien para él, incluso en los días sombríos y fríos de los inviernos de nuestro matrimonio.

Esperanza práctica

El apóstol Pablo afirma que la fe, la esperanza y el amor son las tres cosas que perduran (1 Corintios 13:13). Hablamos mucho sobre la fe y el amor, pero a menudo tendemos a pasar por alto la esperanza como si, en cierto modo, no fuese tan práctica como los otros dos, como si no fuera esencial para nuestras vidas cotidianas. Sin embargo, la esperanza es en realidad inmensamente práctica, sobre todo en el matrimonio. Es lo que nos lleva hacia adelante, incluso cuando nuestro amor en el matrimonio pueda parecer seco y muerto. La esperanza es el puente que nos hace superar los tiempos oscuros. Es lo que nos mantiene con fe en el futuro, sin importar cómo se vea el presente.

Pero necesitamos estar abiertas a las sorpresas. Si nuestra esperanza se basa en esperar que las cosas vayan exactamente como nosotras queremos que vayan, estaremos sometidas a disgustarnos y desilusionarnos. Esperanza no significa contar con salirte con la tuya, sino confiar en que Dios está en todo cuanto llega.

A veces, nuestros esposos cambian de formas inesperadas. El hombre con el que creíamos habernos casado puede parecer muy diferente a aquel con el que hoy estamos casadas. La esperanza deja espacio para esos cambios.

Yo no soy la misma persona que era cuando me casé. He ganado autoestima y he desarrollado talentos que una vez temí explorar. Y, por otro lado, he engordado unos nueve kilos desde el día en que dije: "Sí, quiero". Estoy agradecida de que el amor de mi marido sea lo suficientemente flexible y me dé margen para crecer y cambiar dentro del espacio seguro de nuestro compromiso matrimonial. Incluso cuando los cambios le asustan o lo hacen sentir incómodo, (como cuando mi trabajo me hace estar lejos, sin él), se esfuerza en proporcionarme el espacio que necesito para crecer. Está orgulloso de mí. ¿Puedo yo darle el mismo nivel de compromiso?

Si nos aferramos a las imágenes de nuestros esposos que tenemos en nuestra cabeza, y rechazamos permitir que se disipen, no les estamos dando motivos para confiar en nuestro amor. El amor del matrimonio es una promesa que crea un escudo en el que cada cónyuge tiene el espacio de estirarse, extenderse, de convertirse en las personas que Dios quiere que seamos.

Una de las razones por las que los matrimonios fallan es porque los cónyuges se aburren. Los cónyuges dan por hecho que saben todo lo que necesitan saber el uno del otro, y la familiaridad genera tanto desdén como aburrimiento. Sin embargo, nunca sabremos en realidad todo lo que hay que saber de nuestros maridos. Puede que solo veamos nuestras imágenes de quiénes son, y demos por sentado que sabemos todo cuanto hay que saber; y mientras tanto no percibimos las asombrosas peculiaridades y los sorprendentes cambios que se esconden tras los rostros familiares.

Cuando nuestro matrimonio parece estar fallando, ¡es posible que no necesitemos un esposo nuevo, sino nuevos ojos! Cuando deseamos ver con los ojos de la esperanza quiénes son realmente nuestros maridos (en lugar de las viejas y familiares imágenes que hemos estado contemplando), podemos sorprendernos de lo que vemos. La esperanza puede ser un puente que nos conduzca a lugares nuevos y asombrosos.

Señor, ayúdame a ver a mi marido y nuestro matrimonio con ojos de esperanza. Dame confianza en ti para que mi esposo pueda tener confianza en mí.

Ver con mayor claridad

Al vivir tan cerca de otra persona, como ocurre en el matrimonio, no podemos evitar que existan roces que nos irritan Nuestros egos enojadizos se enfrentan entre sí. El conflicto marital es normal, e incluso sano, pero también puede resultar doloroso y destructivo. Cuando cedemos a nuestro enojo, la mayoría de nosotras solemos empuñarlo como un arma contra nuestros maridos. Nos lanzamos a la yugular, e intentamos hacer tanto daño como sea posible. Cuando actuamos así, nuestros conflictos no son constructivos, sino todo lo contrario.

El enojo es como una pala. Esta herramienta puede usarse como arma mortal, pero también se puede emplear para remover la tierra y tener un nuevo jardín. Inevitablemente, de vez en cuando estaremos en desacuerdo con nuestros esposos, pero no es necesario que los ataquemos con toda nuestra furia. Cuando es usada de la manera adecuada, la furia puede ser la herramienta que abra el terreno de nuestros matrimonios para que la vida nueva pueda crecer.

La mayoría de nosotras, las esposas, tenemos listas que mantenemos guardadas dentro de nuestra cabeza, en las que vamos detallando las características irritantes de nuestros maridos, aquellas que con toda probabilidad querríamos cambiar. Es muy fácil centrarse en las formas en las que nos gustaría que nuestros esposos fuesen diferentes. ¡Muchas de nuestras frustraciones son incluso legítimas! Ciertamente, nuestros maridos no son perfectos (como tampoco lo somos nosotras).

Un esposo maltratador es un tema aparte. En ese caso en el que el bienestar de la esposa está en peligro, es necesario tomar las decisiones que se tengan que tomar para estar a salvo. Sin embargo, para muchas de nosotras, nuestros maridos nos fallan en las formas normales y cotidianas que todos los seres humanos lo hacemos.

Insistir en que cambien solo crea, por lo general, resentimiento por su parte y frustración por la nuestra. No podemos obligar a nuestros maridos (ni a nadie) a ser como a nosotras nos gustaría, incluso sabiendo que esa forma sería bastante más saludable... más espiritual... o más propicia para la paz familiar. ¡Incluso cuando sabemos que tenemos razón!

La verdad es que tal vez las cualidades más irritantes de nuestros maridos no desaparezcan nunca. Una vez aceptamos esto, y dejamos de perder nuestra energía en causas perdidas, ya podemos analizarnos y ver cómo podemos pensar o comportarnos de forma diferente. En definitiva, a las únicas personas que podemos cambiar somos nosotras mismas.

Como esposos y esposas, llegamos el uno al otro con diferentes pasados que nos han convertido en quienes somos hoy. Independientemente de lo mucho que nos amemos el uno al otro, no podemos eliminar las herencias genéticas ni el entorno recibido. En cambio, quizás deberíamos aceptar, simplemente, que somos quienes somos. Dios fue parte de las fuerzas que influyeron en nuestras identidades, y si le encomendamos nuestras vidas a Él, la gracia continuará obrando en nuestras vidas. Cuando aceptamos a nuestros maridos de forma incondicional, les damos motivos para que tengan confianza en nosotras; tenemos oportunidades de ser una fuente de bien para ellos.

Todavía seguiremos enfadándonos con ellos. Ese enojo puede ser creativo en lugar de destructivo, sin embargo, siempre que no sacuda el fundamento de nuestro compromiso con nuestros esposos. Puede proporcionarnos oportunidades de hablar con nuestros maridos, y ver las cosas con mayor claridad.

Señor, te entrego el enojo que a veces siento hacia mi marido. No permitas que lo utilice como arma contra él ni que intente cambiarlo para que sea quien yo quiero. Te rindo mi vida y mi matrimonio.

Puente entre dos corazones

El apóstol Pablo nos aconseja vivir en paz con todos, tanto como nos sea posible (Romanos 12:18). Esto se aplica, ciertamente, a nuestros matrimonios. Nuestro compromiso con la paz es una forma más en la que podemos darles a nuestros esposos motivos para confiar en nosotras.

Sin embargo, a veces no es posible vivir en paz con nuestros maridos. Podemos intentar entender sus motivos y sus reacciones; podemos escuchar atentamente sus preocupaciones; podemos cambiar nuestro enfoque y nuestras prioridades para acomodarlos a sus necesidades y preferencias. Y, después de todos nuestros esfuerzos, es posible que sigamos afrontando conflicto dentro de nuestros matrimonios.

Un matrimonio es como un puente entre dos corazones. Requiere un compromiso por ambas partes para cerrar la brecha entre los dos. El hueco es normal y saludable (la unidad marital no elimina el hecho de que son dos individuos), pero cuando el puente que cruza el hueco se rompe, existe un límite en lo que una persona puede hacer para reparar el daño.

Por supuesto que deberíamos hacer todo lo que podamos para reparar la brecha. Si hemos herido a nuestros esposos, será necesario que les pidamos perdón. Si hemos roto la confianza, debemos comprometernos a reconstruirla. Pero una vez hecho todo esto, si nuestros maridos no quieren reparar su lado del puente, tan solo podemos aceptar (y respetar) sus decisiones. No los podemos controlar en esta situación, como tampoco podemos hacerlo en otras situaciones. (Una vez más, no estamos hablando de maridos maltratadores, cuyos comportamientos hirientes *nunca* deberían ser aceptados).

Duele sentir que nuestro amor es rechazado. Si pensamos en nuestros matrimonios como si tuvieran estaciones, una situación como esta (en la que nuestros maridos ya no están comprometidos con hacer que el matrimonio funcione) parece un invierno que nunca terminará. Nuestra tendencia natural es herir cuando somos heridas. Puede que queramos castigar a nuestros maridos, proteger nuestros corazones y derribar nuestro lado del puente del matrimonio.

En vez de esto ¿podemos poner nuestra confianza en Dios y continuar amando a nuestros maridos? ¿Podemos desear soportar el dolor, y aún procurar ser fuente de bien para nuestros esposos? El matrimonio puede ser doloroso, pero incluso en el peor caso, cuando parece que la paz se ha ido para siempre, podemos ser como el grano de trigo del que Jesús habló en los Evangelios. Hasta que el grano no cayó en la tierra y murió, no pudo crecer y ser fructífero. Del mismo modo, cuando permitimos que nuestros corazones se rompan, el poder creativo de Dios obra con toda libertad, tanto dentro de nosotras como en el matrimonio.

Señor, te ruego que obres en mi matrimonio, incluso cuando me sienta herida y rechazada. Que pueda depender de ti para mi seguridad. Trae esperanza en lo que parece desesperanza. Dame fuerzas para amar, incluso cuando no me sienta amada. Úsame, aun ahora, para que sea fuente de bien para mi marido.

PARTE III

Anda en busca de lana y de lino,
y gustosa trabaja con sus manos.
—VERSÍCULO 13 NVI

¡Sigue adelante!

La mujer de Proverbios 31 busca lana y lino, y trabaja gustosa con sus manos. ¿Qué podemos aprender de esto en nuestro mundo moderno de hoy? Muchas de nosotras somos tejedoras (y algunas bordadoras), pero no creo que la lección tenga que ver, aquí, meramente con la artesanía.

En primer lugar, la mujer de Proverbios 31 recoge lo que necesita para realizar el trabajo. No espera a que alguien se lo dé, sino que va y lo busca por sí misma. Tiene la suficiente confianza en su propia inteligencia y en sus habilidades para poder tomar la iniciativa.

Después, trabaja gustosa con sus manos. Esto me dice que no solo comienza el trabajo. Sigue adelante. A veces tengo problemas con eso. Comienzo trabajos con un entusiasmo, que después se desvanece cuando el trabajo se alarga. Pierdo el interés. Comienzo a dejarlo para después.

"Terminen lo que empezaron a hacer", escribió Pablo en su segunda carta a los corintios, "y háganlo con el mismo entusiasmo que tenían cuando comenzaron, dando lo que cada uno pueda dar" (8:11 NVI). Se estaba dirigiendo a la iglesia en Corinto respecto a la voluntad de dar a los necesitados. Era un proyecto que merecía la pena, como muchos de los nuestros, y que se comenzó con entusiasmo, con pasión y entrega. Y entonces, en algún punto del camino, las personas de la iglesia perdieron el interés.

Mi vida está llena de proyectos abandonados e inacabados. Colchas a medio coser, libros a medio escribir, armarios a medio ordenar. Por supuesto, no todo trabajo merece ser finalizado. No tenemos por qué sentir falsa culpa si a la mitad de algo nos damos cuenta de que nuestro tiempo podría emplearse mejor en otra cosa. Sin embargo, es preciso examinar nuestros motivos para proseguir. ¿Nos estamos dando por vencidas en nuestro trabajo por la falta de confianza en nuestra capacidad de llevarlo a buen fin (ya que es más fácil abandonar que fallar)? ¿Estamos descartando un proyecto, porque no es tan gratificante como esperábamos y, de esa forma estamos queriendo decir en realidad que nos exige más de lo que estamos dispuestas a dar? ¿Nos pide renunciar a nosotras mismas de tal manera que nos hace sentir incómodas?

Si Dios estuvo presente en el nacimiento de esta obra, es probable que desee estar también en su culminación. ¿Podemos dejar a un lado nuestra necesidad de hacer las cosas a la perfección y encomendar los resultados en las manos de Dios? ¿Podemos tener la voluntad de esforzarnos incluso cuando ya no es divertido? Si podemos, un día seremos capaces de decir con Pablo: "He peleado la buena batalla, he acabado la carrera, he guardado la fe" (2 Timoteo 4:7 RVR1960). Y, al igual que Jesús, podremos afirmar: "Mi comida es obedecer a Dios", ¡no es ser perfecta o divertirme mientras trabajo!, "y completar el trabajo que él me envió a hacer" (Juan 4:34 TLA).

Dios de perdón, dame la fuerza, el valor y la humildad que necesito para acabar la obra a la que me has llamado. Que tenga la voluntad de trabajar duro, y dejar, por tanto, el resultado final en tus manos.

Gozo en el trabajo

La palabra hebrea que emplea el autor de Proverbios 31 para "entusiasmo", *chephets*, significa, literalmente, "gozo, placer, anhelo". En otras palabras, la mujer de Proverbios 31 disfruta en su trabajo, y anhela que los demás disfruten con él. Casi cualquier trabajo tiene sus aspectos aburridos, por supuesto, pero Dios desea que hallemos el gozo en la obra a la que somos llamadas.

Una de las obras a las que Dios nos llama es la hospitalidad, acoger a los demás en nuestros hogares y nuestros corazones. Es también una ocasión para esmerarnos en mostrar a la mujer de Proverbios 31. Podemos buscar lo necesario para desempeñar nuestro trabajo y, a continuación, realizarlo con entusiasmo.

Algunas somos anfitrionas natas, y la hospitalidad nos surge con facilidad. A menudo seguimos los modelos de hospitalidad que aprendimos de nuestras madres. La mía invitaba enseguida a las personas a nuestra casa, pero también se ponía tensa y nerviosa cada vez que se preparaba para los invitados. Crecí odiando los días en los que teníamos compañía, pues sabía que a eso le precederían horas de frenético ajetreo, mientras mi madre nos gritaba a todos para que la ayudásemos a limpiar y cocinar.

Hoy, el resultado de aquello es que cuando pongo en práctica la hospitalidad, tiendo a parecerme más a Marta que a María. Puedo identificarme con la historia de Lucas, en la que señala: "Marta estaba distraída con los preparativos para la gran cena". Cuando se quejó a Jesús de que su hermana no la estaba ayudando lo suficiente, Él contestó: "Mi apreciada Marta, ¡estás preocupada y tan inquieta con todos los detalles! Hay una sola cosa por la que vale la pena preocuparse. María la ha descubierto, y nadie se la quitará" (Lucas 10:38-42 NTV).

La Biblia revela que fue Marta quien abrió su casa a Cristo, un acto generoso y amoroso de hospitalidad. Sin embargo, servir a Cristo, que debería haber sido un gozo, en realidad la estaba distrayendo de su relación con él. Quizás había planeado una comida demasiado elaborada, más de lo que podía hacer fácilmente con el tiempo del que disponía. A lo mejor deseaba impresionarlo, sin darse cuenta de que ese tipo de cosas no hacían mella en Jesús.

Hay lecciones que todas podemos aprender de la experiencia de Marta, lecciones que la mujer de Proverbios 31 ya había aprendido, al parecer:

- La próxima vez que invitemos a alguien a nuestros hogares, no deberíamos intentar nada más elaborado de aquello de lo que podamos encargarnos.

- Deberíamos gozarnos en la hospitalidad en lugar de preocuparnos por los detalles, ponernos tensas y molestarnos por cada mínima cosa que sale mal.

- Si convertimos la hospitalidad en una carga, no deberíamos esperar que nuestras familias nos ayuden a sobrellevarla, y entonces estar resentidas si no lo hacen.

- Deberíamos recordar que los invitados preferirían sentir que ellos son nuestro centro de atención, en lugar de cualquier comida, por exquisita o elaborada que pueda ser.

- Nuestra hospitalidad es también un servicio a Jesús; cuando ofrecemos comida a nuestros invitamos, y los acogemos, también lo estamos amando y acogiendo a él.

- El amor no compite. No se fija en lo que hacen los demás ni mide nuestro éxito o nuestros fallos con los esfuerzos de otro.

- Cuando nos sentimos estresadas y distraídas con nuestro trabajo, necesitamos sentarnos a los pies de Jesús y escuchar su palabra. Por bienintencionado que sea nuestro trabajo, nunca sustituye una relación viva con Dios.

Dios, tú eres un anfitrión generoso, que nos invitas a tu casa y tu corazón. Hazme más como tú. Dame gozo en la hospitalidad.

Manos laboriosas

Aún pienso en las manos laboriosas de la mujer de Proverbios 31. Me sugieren una energía y un disfrute que no siempre aplico a mis tareas diarias.

Aunque me gusta sentir que estoy siendo productiva, a menudo estoy tan ocupada que la lista diaria de tareas por hacer ocupa al menos una página. Entonces me pongo manos a la obra y voy tachando las cosas conforme las hago. Cada marca me produce una pequeña oleada de satisfacción. Cuando acaba el día, si el día se ha dado bien las marcas son muchas, mientras que en un mal día son muy pocas.

Los malos días me frustran y me siento improductiva. Me da la sensación de haber perdido el tiempo, y de que *debería* haber hecho más.

¿Pero cuáles fueron las distracciones que me apartaron de tachar las cosas de mi lista? Por lo general son cosas que van surgido a lo largo del día, cosas que no he podido controlar; una llamada de teléfono de una vieja amiga que pasa por una crisis, un hijo que ha olvidado algo en casa y necesitaba que se lo lleve a la escuela, el auto de mi marido que se ha averiado. Las peticiones de los demás han interferido en mi lista de tareas.

Sin embargo, estoy demasiado enfocada en el resultado final de mi trabajo. No tengo manos laboriosas para el trabajo en sí; tan solo quiero la satisfacción que produce el haberlo hecho. No veo mi trabajo como un servicio permanentemente a Dios, un servicio que puede no ser siempre lo que tenía en mente, y esto, a menudo, incluye el servicio a los que amo. Tengo mis prioridades, pero no son necesariamente las prioridades de Dios.

¡A Dios no le importa tanto cuántas cosas aparezcan tachadas en mi lista de tareas al final del día! Jesús deja claro lo que es más importante desde la perspectiva de Dios: "Ama al Señor tu Dios con todo tu corazón, con todo tu ser y con toda tu mente"—le respondió Jesús—. Este es el primero y el más importante de los mandamientos. El segundo se parece a este: "Ama a tu prójimo como a ti mismo" (Mateo 22:37-39 NVI).

Por tanto, en lugar de evaluar mi día según el número de marcas de mi lista, debería preguntarme: ¿Amé a Dios hoy con todo mi corazón, con toda mi alma y con toda mi mente? ¿Consideré las necesidades de los demás tan importantes como las mías? ¿Lo hice todo con amor? ¿Serví a Dios con manos alegres?

Señor mi Dios, dame manos alegres, manos que se apresuren a ayudar, a dar y a mostrar amor.

En los pequeños momentos

Nuestro mundo valora la velocidad, ¡pero unas manos alegres no son, necesariamente, unas manos rápidas! Esto se remonta a nuestra necesidad de hacer mucho en un solo día. Pensamos que cuanto más rápidas seamos, mejores seremos. Pero algunas cosas no se pueden hacer a toda velocidad. El amor a veces requiere tiempo.

Es difícil mantener esta perspectiva en un mundo que nos dice, constantemente, que nos movamos más rápido. Es necesario que nos reorientemos cada día, que dediquemos tiempo a alinearnos de forma consciente, cada mañana, con las perspectivas divinas. Aunque no puedas hallar tiempo para estar a solas, tómate unos minutos antes de levantarte, o mientras estás en la ducha, para sintonizar tu corazón con Dios.

Cuando estamos estresadas por nuestro trabajo, cualquiera que sea, a menudo nos dormimos pensando en ello. Llevamos el estrés a la cama, y no hay duda de que nuestros cuerpos están agotados y nuestras emociones se ensanchan. ¡Resulta difícil tener manos alegres en medio de la tensión!

En su lugar, podríamos considerar habituarnos a dormirnos y despertarnos en oración. Como dice el salmista: "Meditad en vuestro corazón estando en vuestra cama, y callad" (4:4 RVR1960). Si apartamos tiempo, incluso unos pocos minutos de nuestro sueño, para "esta[r] quiet[as], y conoc[er] que él es Dios" (Salmos 46:10 RVR1960), nuestro día irá mejor. Relajar nuestros cuerpos de forma consciente ayuda en esos momentos, y la tensión desaparece de nuestros músculos. Hallaremos un pequeño remanso de paz, un lugar en el que poder descubrir que Dios "cambia la tempestad en sosiego, y se apaciguan sus ondas" (Salmos 107:29 RVR1960).

¡No pienses en el tiempo con Dios como una cosa más que tachar de tu lista! Y no te marques objetivos pocos realistas en tu tiempo de devocional. Si eres madre de un niño pequeño, lo más probable es que ya estés falta de sueño (decirte a ti misma que debes levantarte media hora antes para tus devocionales matutinos puede no ser realista y ni tan siquiera sano). En cambio, aprende a volverte hacia Dios en pequeños momentos, antes de dormir, cuando te levantas por la mañana, en la ducha, mientras esperas en un semáforo en rojo, en cualquier lugar donde haya una pausa en tu ajetreado día. "Oren en el Espíritu en todo momento, con peticiones y ruegos" (Efesios 6:18 NVI).

Esos pocos segundos se reorientarán tus pensamientos, y te ayudarán a recordar que la prioridad de Dios es siempre el amor. Volverás a tu trabajo con manos alegres.

Sabes lo ajetreados que son mis días, Señor. Gracias porque nunca me olvidas, aunque yo sí te olvide a ti. Recuérdame, a lo largo del día, que dirija mi corazón a ti. Sé mi compañero en todo momento; te ruego que pueda hacer mi trabajo con alegría.

Todo en la presencia de Dios

Dios conoce la realidad de nuestras vidas. Si hemos estado en pie toda la noche con un nuevo bebé, un pequeño enfermo, o un niño que estaba teniendo pesadillas (¡o las tres cosas a la vez!), Él sabe que podemos necesitar realmente más esa hora de sueño que leer la Biblia u orar. Nuestras manos no estarán muy alegres mientras hacemos nuestro trabajo si estamos agotadas.

Como mujeres, a menudo nos marcamos niveles imposibles de alcanzar. Olvidamos que tenemos un Dios que nos ama como un padre, que conoce nuestras necesidades físicas, emocionales y espirituales mejor que nosotras mismas. Dios no nos pide a la mayoría de nosotras que seamos mártires; lo que Él desea es que tengamos una relación viva con él.

El hermano Lawrence, escritor del siglo XVII y autor de *The Practice of the Presence of God* [La práctica de la presencia de Dios], tiene algunos consejos prácticos para las que estamos intentando ser como la mujer de Proverbios 31. Pasó la mayor parte de su vida en la ajetreada cocina del monasterio; sus días eran frenéticos, repletos de la agitación de proveer alimento a la comunidad, como muchos de nuestros días. Y, aun así, el hermano Lawrence pudo escribir: "Estos momentos de ajetreo no son diferentes a mis momentos de oración. En medio del ruido de mi cocina, mientras varias personas piden cosas diferentes, cuento con Dios tan pacíficamente como si estuviera sobre mis rodillas".

Necesitamos un sentido constante de la presencia de Dios para mantener nuestras manos alegres y nuestro corazón lleno de amor. Pero esta viva conciencia diaria de

Dios no sucede fácilmente; requiere disciplina. El hermano Lawrence escribió que pasó diez años de práctica antes de comenzar a sentir la presencia de Dios en cada momento, e incluso entonces, a menudo se daba cuenta de que aparecían distracciones entre él y su Señor. Pero no permitía que estas hicieran que se sintiera culpable; cada vez que se percataba de que su mente se había alejado de Dios, sencilla e inmediatamente volvía a la presencia de Cristo. Escribió:

> *Lo adoraba tan a menudo como podía, mantenía mi mente enfocada en su santa presencia y volvía a llamar mi atención en el momento en que me daba cuenta que estaba distraído. Este ejercicio no resultaba fácil, pero yo me empeñaba en ello, pese a la dificultad, sin preocuparme de sentirme culpable cada vez que mis pensamientos se extraviaban. Trabajaba en ello todo el día, no solo en los momentos de oración para que, en todo momento, cada hora, cada minuto, incluso en medio de los momentos más ajetreados, fuese capaz de expulsar de mi mente cualquier cosa que pudiera distraer mis pensamientos de Dios. Cuando se practica esto una y otra vez, llega a convertirse en un hábito, y la presencia de Dios se convierte en la condición natural para nosotros.[1]*

Alguien que conoció al hermano Lawrence escribió sobre él: "Su oración era, sencillamente, la sensación de la presencia de Dios... Cuando acababa su tiempo de oración, nada cambiaba, porque él seguía estando con Dios". Esta conciencia continua y viva de que Dios está con nosotras, involucrado de forma íntima en nuestra vida normal y corriente, es lo que necesitamos saber como

---

1. Ellyn Sanna, *Brother Lawrence: Christian Zen Master* (Vestal, NY: Anamchara Books, 2011).

mujeres ocupadas. Buscar el estilo de vida del hermano Lawrence requiere que vivamos toda nuestra vida en la presencia de Dios, desde los pañales sucios hasta los viajes al supermercado, desde los sándwiches de mantequilla de cacahuetes y mermelada hasta los transportes compartidos.

Dios, sé que no puedo alejarme de tu presencia. Haz que pueda vivir con esa conciencia. Que pueda servirte alegremente cada momento de mi vida, incluso en los días más ajetreados.

Preciosos recursos

Quizás una de las razones por las que la mujer de Proverbios 31 podía tener manos alegres era porque ya había identificado los recursos necesarios para llevar a cabo su trabajo. En su caso, era lana y lino; en el nuestro podría ser tiempo, personas, espacio, educación, cierta tecnología, fuerza física o provisiones. No puedes completar tu trabajo si no tienes lo que necesitas para hacerlo.

Todas tenemos cantidades distintas de recursos diversos. Aquí tienes algunas categorías a considerar. Enumera los recursos que tienes en estos ámbitos.

- ✐ Espiritual: ¿Dependes de Dios para tu fuerza y tu apoyo? ¿Sientes que Dios te ha conducido a este trabajo?
- ✐ Financiero: ¿Tienes el dinero que necesitas para la tarea?
- ✐ Emocional: ¿Puedes hacer frente a las exigencias emocionales de este trabajo?
- ✐ Mental: ¿Posees las aptitudes intelectuales que necesitas para alcanzar tu objetivo? Estas podrían incluir la capacidad de solucionar problemas, comunicarte verbalmente y por escrito, y comprender las palabras de los demás.
- ✐ Físico: ¿Estás lo suficientemente sana para asumir este trabajo ahora? ¿Tienes las fuerzas necesarias para desempeñar el trabajo?
- ✐ Sistemas de apoyo: ¿Cuentas con amigas, familia y una comunidad que te apoyará en este trabajo?

¿Existen personas a las que poder acudir cuando necesitas ayuda?

Haz un balance objetivo de las tareas que estás asumiendo, y observa cómo coinciden con los puntos anteriores. ¿Tienes los recursos que necesitas para hacerlo? Si no es así, ¿dónde puedes hallar lo que necesitas? ¿Necesitas aprender algo que no sabes (leer un libro, acudir a una clase, seguir un tutorial online)? ¿Necesitas considerar invertir algo de dinero en un ordenador o un vehículo mejor? ¿Tienes recursos de los ni siquiera te has percatado? Por ejemplo, ¿hay personas que desearían ayudarte (enseñándote, compartiendo el coche contigo, prestándote algo)? ¿A quién conoces que tenga un conocimiento especializado en el ámbito en el que estás trabajando? ¿Quién podría compartir tu pasión por este trabajo? ¿Quién podría tener aptitudes para complementarte?

No olvides que el tiempo es también uno de nuestros recursos más importantes. Cada día es como un contenedor en el que podemos depositar cosas, ¡pero no un número infinito de ellas! Piensa en cuáles son tus prioridades cada día. ¿Cuál es el mejor uso de este precioso recurso?

No te marques expectativas poco realistas. Asegúrate de que los objetivos que te pongas sean alcanzables, pues cuentas con los recursos que necesitarás. Al mismo tiempo, aprende a tener confianza en tu capacidad de recoger y escoger sabiamente. Cometerás errores en el camino, pero no son más que oportunidades de aprender. ¡No permitas que el miedo a fallar aparte la alegría de tus manos!

Dios, te entrego mi trabajo. Que pueda ser sabia y exigente cuando analizo los recursos que necesito para conseguir mis objetivos. Guíame, te pido.

PARTE IV

Es como los barcos mercantes, que
traen de muy lejos su alimento.
—Versículo 14 NVI

Alimento espiritual

El autor de Proverbios compara a su mujer ideal con un barco que navega a puertos lejanos para traer comida a su nación. ¿Qué significado tiene hoy para nosotras esta metáfora?

Quizás sea esto lo que aprendemos aquí de la mujer de Proverbios 31: necesitamos tener la voluntad de salir de nuestros hábitos y rutinas normales para encontrar el alimento que necesitamos. Debemos permitir que Dios salga de la caja en la que quizás lo hayamos metido, y dejar que nos sorprenda. San Benedicto aconsejó en el siglo XVI a sus seguidores "escuchar con los oídos del corazón", y prestar mucha atención a la dirección en la que Dios estaba dirigiendo su atención. Nosotras también precisamos escuchar a Dios que nos llama a lugares poco familiares en los que quiere que nos alimentemos de su rico sustento y alimento.

Sin embargo, a menudo, cuando las exigencias de la vida diaria agotan nuestras fuerzas y energía, cuando la vida parece tan ocupada que apenas hay tiempo para dormir o comer, lo primero que eliminamos de nuestras vidas es lo que más necesitamos en realidad: el alimento espiritual. El autor Rick Warren escribe: "Si fueses un contratista de construcción, no considerarías enviar a un chico que no hubiera comido nada en dos semanas. Si fueses un comandante del ejército, no enviarías a la batalla a una persona que no hubiese comido en un mes. ¿Verdad? Necesitamos alimentarnos para tener la fuerza de completar las tareas que tenemos por delante".[2] Sin embargo, como mujeres, a menudo estamos tan ocupadas ofreciendo alimento físico y emocional a los demás, que olvidamos alimentar nuestros propios corazones.

Lo que alimenta tu corazón puede no ser lo mismo que aquello que alimenta el corazón de otra persona. Presta atención a tus propias necesidades, ¡y dale a tu corazón el alimento que necesita! Existen formas obvias de alimentar nuestro espíritu, y no deberíamos abandonarlas, por supuesto. La oración, leer las Escrituras y reunirnos con otros creyentes son piezas esenciales del alimento espiritual. Pero Dios también puede alimentar tu corazón de otras maneras. Escucha música que abra tu alma. Crea oportunidades de apreciar la naturaleza. Ve a un museo de arte y deleita tus ojos. Lee poesía o ficción que despierte tu imaginación. Ábrete a probar cosas nuevas, pero no te obligues a consumir "comida" que no te alimente de verdad.

Así como nuestros cuerpos necesitan comida saludable, también lo precisan nuestras almas. ¿Deseamos hacer un esfuerzo para ver que nuestras almas están alimentadas, o estamos tan ocupadas que nos morimos de hambre?

Señor, necesito tu alimento. Muéstrame de dónde conseguirlo. Recuérdame que no puedo hacer la obra a la que me has llamado cuando estoy espiritualmente débil y hambrienta. Muéstrame todas las formas en que Tú buscas alimentar mi corazón.

2. Rick Warren. "Spiritual Food for Spiritual Strength," *Daily Hope*, May 21, 2014, http://rickwarren.org/devotional/english/spiritual-food-for-spiritual-strength.

En los momentos de desierto

A veces pasamos por etapas de hambruna espiritual y
emocional en nuestras vidas. No importa lo lejos que
viajemos en nuestro "barco mercante", se diría que no
encontramos el alimento que anhela nuestro corazón.
Donde quiera que volvemos la mirada, todo parece seco y
marrón. La sequía yace sobre nuestras vidas.

Las Escrituras indican que estos momentos de
hambruna y sequía espiritual son normales. Llegan a todas
las vidas. Puede que la sequía se genere por la decepción
o el fracaso. Podría estar causada por el dolor y la tristeza,
o por el dolor del rechazo. A veces, parece que la sequía
y la hambruna durarán eternamente. Nos preguntamos si
hallaremos de nuevo el alimento espiritual y emocional.

Es posible que, en momentos como estos, nos culpemos.
Sentimos como que algo fuera mal, nos preguntamos qué
hicimos para causar esta hambruna, y procuramos encontrar
con desesperación la forma de arreglarlo. En vez de esto,
podríamos tratar de aceptar los momentos de desierto y
no tratar de alejarlos. Cuando lo hagamos, es posible que
descubramos lo que nuestros corazones anhelan realmente.

El hambre física es la forma en que nuestros cuerpos
nos dicen que necesitamos algo; tenemos que emprender
acción para alimentarlos. El hambre espiritual es también
el aviso de nuestra necesidad de procurar el sustento que
de verdad precisamos. Si las viejas formas de alimento
han desaparecido, o ya no te satisfacen como una vez
lo hicieran, es una buena señal de que algo tiene que
cambiar en nuestras vidas. Nuestro anhelo de alimento
y de satisfacción podría ser el "barco" que nos conduzca

a una nueva comprensión más profunda de Dios y de nosotras mismas. Podría ser la invitación de Dios a buscar el alimento de nuestro corazón en algún lugar nuevo.

Durante estos periodos desesperados y dolorosos, venimos ante Dios de una nueva forma. El barco de nuestro corazón viaja a lugares inexplorados y poco familiares. Todas las viejas distracciones que nos parecían alimento para nuestra alma se han desvanecido. Puede que no haya nada de malo en ellas, pero ahora que han desaparecido podemos desarrollar un aprecio por la comida pura del Espíritu de Dios. Durante estos momentos de hambruna, si se lo permitimos, Dios nos alimentará directamente de Su propio corazón.

En medio de estos periodos de hambre espiritual y dolor emocional, hallamos la comunión más profunda con Dios. Descubriremos que hemos navegado más lejos de lo que nunca habíamos llegado en el océano de su amor, y que allí hemos hallado la mayor nutrición de cuya existencia nunca habíamos sabido. "Así que mi Dios les proveerá de todo lo que necesiten, conforme a las gloriosas riquezas que tiene en Cristo Jesús" (Filipenses 4:19 NVI).

Amado Dios, te doy las gracias porque puedo siempre depender de ti para suplir el alimento que más necesito. Ayúdame a confiar en ti, aun cuando mi vida parezca seca y árida, carente de alimento del tipo que sea. Aparta mis ojos de todas las cosas que me faltan y que anhelo, y enséñame a fijar mi atención en ti. Sé que en ti tendré todo cuanto necesito.

Pan del cielo

Jesús nos dijo que, a la hora de la verdad, Él es el alimento que más necesitamos. Él es el "pan del cielo" (Juan 6:32-33). Necesitamos "comer" a Jesús. Precisamos ingerirlo para poder alimentar cada partícula de nuestro cuerpo, proveerlo de la energía para vivir nuestras vidas, para crecer y ser las personas que él nos ha llamado a ser. "Yo soy el pan de vida", dijo Jesús; "el que a mí viene, nunca tendrá hambre" (Juan 6:35 RVR1960). Él es la única satisfacción permanente de todo aquello que anhelamos. Cuando establecemos una relación íntima con él, le permitimos alimentar nuestros corazones.

Jesús es la Palabra hablada por Dios, la expresión de su identidad en carne humana, y cuando oímos esta Palabra, que es Jesús, lo aceptamos en nuestra mente, nuestro corazón y nuestro espíritu. La Palabra nos cambiará del mismo modo que el alimento que comemos nos cambia físicamente. Contemplaremos la vida de forma diferente. Comenzaremos a vivir y a amar como Jesús.

El apóstol Pablo escribió a la iglesia en Filipo: "Haya, pues, en vosotros este sentir que hubo también en Cristo Jesús" (Filipenses 2:5 RVR1960). Esto significa que cuando consumimos a Jesús, el Pan del Cielo, absorbemos esta mente, esta actitud, este corazón. Tomamos el pensamiento y las actitudes de Jesús, su forma de actuar.

Uno de los lugares de los Evangelios a los que podemos acudir para aprender sobre la mente de Jesús es el capítulo de las Bienaventuranzas, en Mateo 5:3-10. Estos versículos son los que Jesús tenía que decir sobre el tipo de persona que agrada a su Padre.

*"Dios bendice a los que son pobres en espíritu y se dan
cuenta de la necesidad que tienen de él,
porque el reino del cielo les pertenece.
   Dios bendice a los que lloran,
porque serán consolados.
   Dios bendice a los que son humildes,
porque heredarán toda la tierra.
   Dios bendice a los que tienen hambre y sed de justicia,
porque serán saciados.
   Dios bendice a los compasivos,
porque serán tratados con compasión.
   Dios bendice a los que tienen corazón puro,
porque ellos verán a Dios.
   Dios bendice a los que procuran la paz,
porque serán llamados hijos de Dios.
   Dios bendice a los que son perseguidos por hacer lo
correcto, porque el reino del cielo les pertenece".* (NTV)

Estos versículos nos indican, además, que deberíamos
estar hambrientos de más cosas: ¡justicia! Necesitamos
apartar nuestros ojos de nuestras propias necesidades, y
enfocarlos en las necesidades de los demás. Vivimos en una
cultura que nos anima a buscar, ante todo, aquello que
acaricia nuestro ego; esta podría ser, de hecho, una tierra
muy lejana para que muchas de nosotras la consideráramos.
Sin embargo, si de verdad queremos absorber a Jesús en
nuestro ser, empezaremos por a decir con él: "Mi alimento
consiste en hacer la voluntad de Dios, quien me envió, y en
terminar su obra" (Juan 4:34 NTV).

*Jesús, aliméntame de ti. Cuando busque
satisfacer el hambre de mi corazón de otras
formas, recuérdame que solo tú puedes llenar
verdaderamente el vacío de mi corazón.*

Dar y recibir

Sospecho que la mujer de Proverbios 31 no guardaba todo su alimento para ella. Lo traía para su familia y su comunidad. Lo compartía con aquellos que la rodeaban, y ellos también eran alimentados. Entonces, ellos podían a su vez alimentar a otros. La alimentación está íntimamente conectada con un proceso interminable de dar y recibir.

El mundo natural nos ofrece numerosos ejemplos de esta telaraña de vida interconectada. El mundo está enredado en una gran telaraña de dar y recibir en miles de formas diferentes. Por ejemplo, las plantas producen el oxígeno que los animales necesitan para vivir; los animales lo inhalan, y luego exhalan el dióxido de carbono que las plantas necesitan para sobrevivir. Tanto la vida vegetal como la animal se nutren mutuamente. Cada ecosistema de la tierra está vivo y está interconectado a los organismos, cada uno depende del otro. Elimina uno, y la nutrición de todos los demás sufrirá.

La Biblia nos enseña que se aplica el mismo principio a nuestra vida espiritual. No podemos vivir si estamos desconectados de los demás. Ellos dependen de nosotros para nutrirse, del mismo modo que nosotros dependemos de ellos. Cada uno de nosotros tenemos algo que ofrecer al resto. El apóstol Pablo lo expone así:

"Porque así como el cuerpo es uno, y tiene muchos miembros, pero todos los miembros del cuerpo, siendo muchos, son un solo cuerpo, así también Cristo... Ni el ojo puede decir a la mano: No te necesito, ni tampoco

la cabeza a los pies: No tengo necesidad de vosotros... De
manera que si un miembro padece, todos los miembros
se duelen con él, y si un miembro recibe honra, todos los
miembros con él se gozan" (1 Corintios 12:12, 21, 26
RVR *1960).*

Es posible que a veces necesitemos viajar solas a tierras
lejanas, lejos de aquellos a los que amamos, a fin de hallar
el sustento que necesita nuestro corazón. Pero luego
debemos volver y compartir el alimento. "Cuida de mis
ovejas", le pidió Jesús a Pedro (Juan 21:16 NVI), y nosotras,
también, estamos llamadas a alimentar a los que están en
nuestras vidas: nuestros hijos, esposos, amigos, vecinos. Si
intentamos guardarlo para nosotras, nos daremos cuenta de
que ya no satisface nuestro corazón. Deberíamos transmitir
lo que hemos recibido, y abrir nuestro corazón a lo que
ellos nos ofrecen a su vez para que nosotras también
podamos nutrirnos.

Nuestros cuerpos no dejarán de necesitar comida
mientras vivamos. De un modo parecido, la red de
necesidad y sustento, hambre y comida de Dios, no tiene
principio ni fin. Nuestra nutrición está interconectada. Lo
que me alimenta a mí, al final te alimentará también a ti; y
lo que te alimenta a ti, me alimentará a mí. Este es el modo
en el que todo el cuerpo de Cristo crece fuerte y saludable.

Generoso Dios, te pido que alimentes mi corazón con
el alimento que más necesite; y haz que yo pueda
entonces ofrecer sustento a aquellos con los que me
encuentre. Úsame para alimentar a tus ovejas.

PARTE V

Se levanta aun de noche
Y da comida a su familia
Y ración a sus criadas.
—Versículo 15 rvr1960

El valor de nuestro trabajo

¡Esa mujer de Proverbios 31 está, desde luego, bien ocupada! A veces la odio. Levantarse mientras aún es de noche para poder hacer el desayuno, la comida y la cena para su casa... ¿No tiene nada mejor que hacer? ¿No podría su esposo proporcionar algo de comida?

Personalmente, con frecuencia tengo sentimientos encontrados sobre mi función como proveedora de alimento. Parece una tarea tan desagradecida, un trabajo que se debe hacer una y otra vez, día tras día, semana tras semana. ¿Y a mí qué me queda todas y cada una de esas veces? ¡Una cocina sucia que tengo que limpiar! Hacer la comida y limpiar la casa son tareas interminables que nunca se acaban.

Mi marido y yo luchamos para repartirnos las tareas de la casa de forma justa; si yo cocino, el limpia la cocina y viceversa; pero *es* una lucha. Cuando nuestros hijos eran pequeños, compartíamos el cambiar los pañales (aunque estoy casi segura de que cambié dos pañales por cada uno de los que él cambió), y hacía la colada. Pero sospecho que nunca limpió un baño en toda su vida, y que no entendió realmente que las neveras y los hornos no permanecían limpios por sí solos.

Ciertas suposiciones sobre quién es responsable de hacer la comida y limpiar la casa están aún muy profundamente arraigadas en muchas de nosotras, y, al mismo tiempo, como mujeres modernas, nos pueden molestar esas suposiciones. No puedo evitar estar molesta con las imágenes comerciales de mujeres sonrientes, que al parecer hallan su mayor gozo fregando el suelo de sus cocinas, y sirviéndoles a sus familias comida bien empaquetada. (Según un estudio realizado en 2008 por la Universidad de New Hampshire, solo el dos por cierto de los anuncios comerciales mostraba a hombres realizando tareas del hogar). En lo que me concierne, suelo realizar esas tareas domésticas a regañadientes en muchas ocasiones. Y, por favor, ¡no me pidas que me levante para hacerlas cuando es aún de noche!

Sin embargo, ¡la mujer de Proverbios 31 no se agobia! Es una persona fuerte, capaz, a pesar de vivir en el seno de una cultura patriarcal. En los tiempos bíblicos, el reparto de tareas era más claro y estaba menos cargado de juicios de valor que hoy. El autor de Proverbios no considera que su mujer ideal sea una persona de segunda categoría, un nivel por encima de un siervo. Ocuparse de una casa era un trabajo importante y satisfactorio, y otorgaba dignidad e identidad a las mujeres. Las casas ricas eran enormes, y la mujer que organizaba las necesidades físicas de todas estas personas tenía que emplear tanta destreza e inteligencia como cualquier ejecutivo de una empresa actual.

Alimentar y cuidar de una casa es un trabajo importante. Es el reflejo de un Dios que atiende sin cesar nuestras necesidades. Como seres humanos, es posible que nos cansemos de llevar a cabo las mismas tareas una y otra vez (cocinar las mismas recetas, poner la misma mesa, lavar los mismos platos), pero Dios nunca se cansa de bendecirnos una y otra vez. "La repetición —escribió Søren Kierkegaard— es el pan diario que satisface con la bendición". La mujer de Proverbios 31 conocía el valor de su trabajo. ¿Y nosotras?

Amado Dios, te pido que me ayudes a ver el valor de mi trabajo doméstico. Que pueda hacerlo como servicio a ti, y por amor a mi familia.

Descanso

No hay horas suficientes en un día.

Si piensas en esta frase, es bastante tonta. Los días tienen exactamente la cantidad de horas adecuadas al mundo de la naturaleza; los ciclos de nuestros cuerpos dependen de periodos regulares de actividad y sueño; sin embargo, se diría que pensamos que los días deberían expandirse, de algún modo, para satisfacer nuestra conveniencia. En realidad, esto no puede suceder, por supuesto, pero intentamos lograrlo siguiendo el ejemplo de la mujer de Proverbios 31: robamos horas de la noche y se las añadimos a nuestros días.

Seamos madres trabajadoras o amas de casa, todas sentimos que no tenemos el tiempo suficiente para hacer todas las cosas que *necesitamos* hacer. Desde pagar las facturas hasta preparar la comida, sacar al perro, llevar a los niños a las actividades extraescolares, ayudar a nuestros hijos, colaborar en la iglesia y en la escuela; nuestras vidas están repletas incluso antes de intentar añadir las responsabilidades de una profesión. Utilizamos expresiones como "estoy *hecha polvo, estresada, bajo presión* para describir nuestras vidas, y esas palabras indican lo doloroso que ha llegado a ser nuestro nivel de estrés. Las responsabilidades, grandes y pequeñas, llenan todos y cada uno de los momentos de nuestras vidas.

Una encuesta reciente descubrió que el cuarenta y nueve por ciento de las mujeres declaran no tener suficiente tiempo libre (definido como "tiempo que empleas en ti, en el que puedes elegir hacer cosas con las que disfrutas"), ¡y menos aún tiempo para dormir! De hecho, el veinticinco por ciento respondió que contaban con menos de cuarenta y cinco minutos al día para preocuparse de ellas mismas, y un cuatro por ciento reconoció que les queda cero horas de tiempo libre. Tareas inesperadas (como niños enfermos, visitas no anunciadas, lavaplatos que se rompen) pueden robar cualquier tiempo que podríamos haber asignado en un principio a recargar nuestras pilas emocionales y espirituales. Pensamos que no nos queda más remedio que robar tiempo de nuestro sueño.

Para muchas de nosotras, la vida se ha convertido en una maratón acelerada que nunca termina. Pero los corredores de maratones saben que no pueden mantener ese ritmo eternamente. Sus cuerpos necesitan tiempo para descansar y recuperarse entre carreras. Y nosotras también.

No permitas que el ejemplo de la mujer de Proverbios 31 te aliente a abandonar tu sueño ni amontones culpa en tu cabeza si no lo haces. Esa mujer de hace tiempo vivía en un mundo sin electricidad, lo que significa que probablemente se iba a la cama con el sol, incluso si se levantaba antes del alba. Más adelante, en el capítulo 31 nos enteramos de que se aseguraba de que su lámpara no se apagara durante la noche, pero en los tiempos bíblicos, las lámparas se usaban por la noche como usamos hoy día las lamparitas de noche: por si había necesidad de levantarse y poder ver por donde caminar en una casa que, de otro modo, habría sido tan oscura como la boca de un lobo; las pequeñas llamas no eran lo suficientemente fuertes como para usarlas y poder seguir trabajando incluso en medio de la oscuridad.

Es evidente que esta era una mujer enérgica y fuerte, que no se encogía ante el trabajo duro, pero eso no significa que no se preocupara de sus necesidades físicas, emocionales y espirituales. ¡Ninguna mujer podría ser tan fuerte como ella de no hacerlo!

Amado Amigo, sabes que a veces me siento desesperada por tener más tiempo en mis días. Recuérdame que tú me das todo lo que necesito, incluso el tiempo. Puedo relajarme sabiendo que tú dispones mis días. Ayúdame a dejar las cosas inacabadas con la mente tranquila. En lugar de persistir irracionalmente una y otra vez, dame la energía y la determinación de obtener tiempo para dormir y relajarme en el que pueda renovar mi corazón, mi mente y mi cuerpo.

Objetivos

¿Estás ocupada o eres productiva? No es necesariamente lo mismo. Puede ser que la mujer de Proverbios 31 se hubiera dado cuenta de que las horas tempranas de la mañana son buenas para hacer las cosas, y las empleara con eficacia. ¡Ella está activa!

Hemos hablado de no enfocarnos demasiado en la meta cuando trabajamos, sino establecer objetivos realistas —siempre que disfrutes en el proceso de lograrlas—; esto puede ayudarte a organizar tu trabajo con mayor eficacia. Puede ayudarte a evaluar cómo estás utilizando tu tiempo, ya que ser eficiente es hacer las cosas que te acercarán a tus metas. A veces estamos ocupadas con muchas cosas que, en realidad, no nos conducen a lugar alguno. Nos quitan tiempo, nos agotan la energía, ¡pero no hacen que se realice el trabajo!

Estar "ocupada" podría incluir revisar tu correo varias veces cada hora. Podría significar responder tu teléfono incluso cuando no tienes tiempo para una conversación. Podría significar hablar sin parar con una amiga cuando ninguna de ustedes tiene en realidad tanto que decir. Estar obsesionada con limpiar nuestras casas, doblar la ropa, o arreglar nuestros jardines también pueden mantenernos ocupadas. Innumerables viajes para hacer recados o para servir de chófer a nuestros hijos pueden consumir nuestro tiempo sin ayudarnos a conseguir nuestras metas. Permitir que la televisión, el Facebook o cualquier otro medio electrónico nos distraiga, también puede hacer que nuestro ajetreo sea menos rentable. Dejar que otras personas establezcan nuestros objetivos también puede mantenernos ocupadas, sin que seamos productivas.

Esto *no* significa que no debas nunca hablar con tus amigas, no llevar a tus hijos donde necesiten ir, o ser lo bastante flexible como para estar disponible para las personas cuando realmente te necesitan. Pero si te fijas en tu día, ¿en qué medida está lleno de trabajo productivo? ¿Qué podrías eliminar, sin herirte ti o a los demás? ¿Qué podrías combinar? (Por ejemplo, ¡podrías ir a la oficina de correos, pasar por el supermercado y dejar a tus hijos en el colegio en un solo viaje!). ¿Qué límites podrías establecer en tu tiempo para protegerte de las distracciones? (Por ejemplo, podrías considerar apagar tu teléfono cuando necesites concentrarte en un trabajo. Podrías revisar tu e-mail a horas determinadas durante el día. Podrías concertar citas para hablar con tus amigas, y pedirles ayuda para conseguir tus metas sin interrumpir el resto del tiempo, a menos que te necesiten realmente). Echa un vistazo a tu vida. ¿Hasta qué punto eres productiva y qué cosas podrías cambiar?

Señor de mi vida, ayúdame a emplear mi tiempo
de forma tan eficiente como lo hacía la mujer
de Proverbios 31. Dame sabiduría, energía y
dedicación para manejar mi vida de forma más
eficaz, y que pueda hacerlo para tu gloria.

Productividad

¡No te engañes y creas haber sido productiva solo porque has estado ocupada diez horas al día! Si te organizas mejor y manejas tu trabajo de una forma más eficiente, tal vez te sorprenda descubrir lo mucho que puedes hacer en solo la mitad de tiempo. Aquí tienes algunos consejos para estar menos ocupada y ser más productiva:

- Haz una lista de tareas diarias cada noche para el día siguiente.
- Divide la lista en periodos de tiempo; sé realista sobre el tiempo que tendrás disponible, y cuánto llevará cada tarea.
- Sé como la mujer de Proverbios 31 y ajusta el trabajo que requiere concentración con el tiempo en el que sabes que tendrás menos distracción.
- No intentes constantemente hacer mil cosas a la vez. Algunos trabajos se pueden prestar a ser combinados con otros (por ejemplo, es probable que puedas doblar la ropa a la vez que le proporcionas palabras a tu hijo para que las vaya deletreando), pero otros requieren una atención concentrada.
- Establece prioridades. ¿Qué tareas son urgentes? ¿Cuáles son importantes, pero no urgentes? ¿Qué cosas necesitas hacer tarde o temprano, si el tiempo lo permite?
- ¿Qué dos cosas de tu lista de tareas deben hacerse sí o sí, ocurra lo que ocurra? Sé lo suficientemente flexible para aparcar lo demás que tengas que

hacer, con el fin de realizar esas dos tareas más importantes.

- ☞ Utiliza tu lista de tareas como plan de acción. Léela por la mañana y consúltala durante el día para mantenerte en movimiento, en lugar de perder demasiado tiempo en una tarea.

- ☞ Consigue que una amiga sea tu compañera a quien rendir cuentas. Te ayudará el tener que informar a alguien de tu progreso, ¡para que tus planes de ser más productiva no se pierdan y queden en el olvido en medio de tu ajetreo!

Por supuesto, independientemente de lo organizadas que estemos o de cuánto nos esforcemos, nunca podremos controlar todos los factores que pueden interrumpir nuestros días. Al final, es simplemente algo que cada una de nosotras debemos equilibrar: hacerlo lo mejor que podamos para ser productivas mientras dejamos el resultado final de nuestros esfuerzos en las manos de Dios. Algunos días lo haremos mejor que otros. Ninguna es perfecta, y todas nos distraeremos y nos agobiaremos. ¡Cuando lo hacemos, flagelarnos no aumentará nuestra productividad! Sentir este tipo de falsa culpa es verdaderamente una pérdida de tiempo. En cambio, necesitamos aprender a fijar, simplemente, nuestros ojos una vez más en Jesús, el autor y consumador de nuestra fe.

Señor Jesús, ayúdame hoy a hacer las cosas
que verdaderamente necesito hacer. Dame
la fe para dejar el resto en tus manos.

"Sin prisa, pero sin pausa"

Vivimos en un mundo apresurado. La cultura de la mujer de Proverbios 31 era muy diferente. Mantenía altos estándares, pero no trataba de medirse con una cultura que le exigía constantemente acudir en varias direcciones mientras le decía, al mismo tiempo, ¡que fuera más y más rápido! Podía hacer su trabajo de forma eficiente, con fuerza y sabiduría, porque no estaba exhausta intentando mantener el ritmo de la maratón de la vida de una mujer moderna.

Todas nos quejamos hoy día de estar demasiado ocupadas y de no tener tiempo suficiente, pero también damos por sentado que así es como ha de ser la vida. Nos sentimos impotentes para cambiarlo. Nuestro mundo no nos ofrece demasiadas herramientas para vivir de una forma diferente y, por tanto, debemos moldearlas para nosotras.

Sin embargo, las primeras culturas de la historia de la humanidad, eran más sabias que ahora. Los antiguos romanos tenían una frase que suele traducirse "Sin prisa, pero sin pausa". En otras palabras, tómate tiempo para hacer bien el trabajo. No te apresures tanto que pierdas el enfoque que trae la paz mental.

Incluso las monedas romanas acuñaban las imágenes de un cangrejo y una mariposa como símbolos de lentitud y rapidez, y les recordaba a las personas que el dinero no se hace con la prisa imprudente, sino con una atención meditada. Más adelante, en el Renacimiento, los obreros utilizaban otros símbolos visuales para recordar la sabiduría de hacer las cosas sin prisa, pero sin pausa: un conejo en una concha de caracol; una lagartija con un pez; una tortuga con las velas de un barco sobre su lomo; y un delfín con un ancla enroscada alrededor. El teólogo del siglo XVI, Erasmus, felicitó con estas palabras a alguien que conocía: "Sin prisa, pero sin pausa, ha adquirido tanto oro como si tuviese fama, y bien merece ambas cosas". "Sin prisa, pero sin pausa" también es un dicho japonés que significa avanzar y crecer, pero hacerlo con meditación y cuidado.

¿Cómo podemos nosotras aprender también a hacer las cosas sin prisa, pero sin pausa? Una forma de hacerlo sea, quizás, limitarse a mantener un lugar tranquilo en nuestra mente, sin importar lo ajetreados que puedan ser nuestros días; un lugar al que podamos retirarnos para estar en paz con Dios, un remanso en el que podamos descansar, incluso en medio del ajetreo. Mantener nuestro enfoque mental, nuestro sentido de la perspectiva, alejará el sentimiento de estar constantemente apresuradas. Mientras nuestras mentes y nuestros cuerpos están trabajando duro, nuestros corazones pueden relajarse en la corriente segura y firme del Espíritu.

¿Hay una imagen visible que te recuerde hoy hacer las cosas sin prisa, pero sin pausa? Podrías considerar crear esa imagen (dibújala o hazla en el ordenador, o incluso deja que tu hijo te la dibuje) y colócala donde sea un recordatorio diario para ti.

Señor, haz que nunca vaya a demasiada velocidad
para tu Espíritu. Ayúdame a no preocuparme tanto
de mantener el ritmo de las exigencias del mundo,
siempre y cuando mantenga el ritmo contigo.

PARTE VI

Calcula el valor de un campo y lo compra;
con sus ganancias planta un viñedo.
—Versículo 16 nvi

Decisiones meditadas

La mujer de Proverbios 31 es una empresaria acertada que sabe cómo utilizar su dinero sabiamente. Cuando indica que "calcula el valor" de un campo, significa que le dedica algo de tiempo y reflexión. No hace las cosas por impulso.

En un momento u otro, todas hemos tomado decisiones impulsivas y mediocres. La lección que la mujer de Proverbios 31 tiene para nosotras es que reduzcamos la marcha y pensemos antes de comprar. Está bien gastar dinero en las cosas que necesitamos, pero deberíamos establecernos como regla personal no comprar *nada* por impulso. Nos pueden ayudar varias estrategias. Por ejemplo:

- Hacer una lista de las cosas que necesitas realmente, antes de ir al supermercado.
- Cuando vayas al centro comercial, no vagues sin rumbo; ve solo a las tiendas que tienen aquello que necesitas comprar.
- Haz un presupuesto. Los presupuestos son una forma simple y sabia de predeterminar los gastos con antelación y establecer límites.

Si las finanzas no están ajustadas ahora mismo en tu casa, ten cuidado con tu dinero (tanto como con los demás recursos, incluido tu tiempo); esto significa que tienes más para invertir en otras cosas que puedan beneficiar tanto a tu familia como a ti. La mujer de Proverbios 31 deposita sus ahorros en la plantación de un viñedo, algo que continuaría proveyendo para su casa con beneficio y ganancia.

Los objetos no son las únicas cosas con las que podemos comprometer nuestro dinero y otros recursos. A veces nos metemos en actividades que resultan caras. A lo mejor es una actividad extraescolar para tu hijo que requiere mucha ropa o material especial que tienes que comprar. Quizás sea tan solo apuntarte a algo que significa tener que gastar mucho combustible (y tiempo) en idas y venidas. Esto no significa que estas actividades no merezcan la pena ni que debas rechazarlas necesariamente. La mujer de Proverbios 31 tan solo nos recuerda que pensemos primero. *¿Beneficiará realmente esta actividad a mi casa, o nos supondrá una carga innecesaria?* Como dijo Jesús: "No comiences sin calcular el costo. Pues, ¿quién comenzaría a construir un edificio sin primero calcular el costo para ver si hay suficiente dinero para terminarlo?" (Lucas 14:28 NTV).

Jesús, ayúdame a ser tan sabia como la mujer de Proverbios 31 en lo que concierne a gastar mis recursos. Bendice mis esfuerzos y hazlos fructíferos para tu gloria.

La seguridad de Dios

Cuando pensamos en el "campo" y en el "viñedo" de
Proverbios 31:16, también podríamos meditar en su
significado como metáforas espirituales. Cuando nos
comprometemos con algo, también necesitamos considerar
los recursos de nuestra alma. Como preguntó Jesús: "¿Y qué
beneficio obtienes si ganas el mundo entero, pero pierdes
tu propia alma?" (Marcos 8:36 NTV). Pero también podríamos
pensar un poco en lo que significa el dinero para nosotras,
espiritual y emocionalmente.

Piensa un minuto en el dinero. ¿Qué es en realidad?
¿Trozos de papel y piezas redondas de metal? ¿Números
en la pantalla del ordenador? ¿Un trozo de plástico en tu
cartera? ¿Puedes señalar lo que *significa* tener x cantidad de
dinero en tu cuenta?

Originalmente, el dinero era tan solo una forma
conveniente de simbolizar cosas voluminosas de valor.
No era práctico transportar una vaca o una bolsa de
dinero y, por tanto, la gente escribía una nota literal que
representaba lo que poseían. Las monedas eran otro tipo de
símbolo. Poco a poco, el mundo llegó a depender de este
sistema. La gente ya no pensaba en el dinero como algo
que representaba las cosas de valor; ahora tenía un valor
propio. Las sociedades alrededor del mundo le daban una
importancia mágica.

Pero si pudiésemos volver a una percepción más
realista del dinero, tal vez descubriríamos que podríamos
interactuar con mayor sabiduría. El dinero representa
el esfuerzo humano. Puede ser el grano cultivado por
un granjero o un vestido fabricado en China, pero, al

fin y al cabo, unas manos humanas fabricaron las cosas que compramos con nuestro dinero. El dinero también representa el esfuerzo humano; la producción de tiempo y energía para elaborar un producto o proporcionar un servicio. Hoy día, nuestro mundo está tan interconectado que el dinero fluye alrededor del globo, y nos conecta de formas que pueden no ser visibles, o justas, pero que son necesariamente muy reales.

Cuando comenzamos a pensar en el dinero en estos términos, como un símbolo de la telaraña de dar y recibir que conecta a los seres humanos, puede que nos demos cuenta de que pierde su poder sobre nosotras. Ya no es tanto "mi dinero". Podemos confiar con mayor facilidad en que Dios provee para nuestras necesidades, y evitar los escollos de ambición y temores financieros. Podemos pedir la bendición de Dios en el flujo del dinero desde y hacia nosotros.

Además, podemos ver de una forma más clara que el "beneficio" nunca se puede medir del todo en dólares y centavos ni puede comprar la seguridad que anhelamos. La prosperidad y seguridad verdaderas solo la halla nuestra alma. Provienen únicamente de Dios.

Dios de abundancia, te pido que cambies mi forma de pensar sobre el dinero. Ayúdame a no preocuparme tanto por ello. Ayúdame a no pensar en las formas de poder conseguir más. En su lugar, permite que pueda entregarte todos mis recursos (mi tiempo, mis talentos, mi energía física y emocional, mi creatividad), y confiar entonces en que siempre me suplirás exactamente aquello que necesito. Recuérdame que tus bendiciones no pueden medirse nunca en dólares y centavos.

Vidas espirituales y finanzas

A menudo pensamos que el dinero y los asuntos espirituales viven en dos contenedores totalmente separados. Cuanto más amamos el dinero (y la mayoría de nosotras lo hacemos, en alguna medida), también sentimos que es sucio, egoísta, algo que Dios odia. Ciertamente, todo lo que anteponemos a Dios en nuestro corazón es un ídolo, y valorar los dólares de nuestra cuenta corriente por encima del amor de Dios, convierte el dinero en algo que se interpone entre Él y nosotras. Pero no tiene que ser así necesariamente.

Extrañamente, la palabra *misericordia* proviene de la misma raíz que *mercado* o *mercante*. Tiene que ver con el intercambio de aquello que tiene valor. ¿Qué ocurriría si comenzáramos a considerar el dinero como un simple símbolo de la presencia de la misericordia en nuestras vidas, y saber al mismo tiempo que la misericordia de Dios también nos llega en otras muchas formas?

Cuando trabajamos con gozo, como lo hace la mujer de Proverbios 31, hacemos lo que nos gusta y amamos lo que hacemos, permitimos que la misericordia fluya hacia los demás a través de nosotras. Cuando no trabajamos para salir adelante o para llenar nuestras cuentas bancarias con esos números imaginarios, sino con una expresión creativa de quiénes somos y de lo que podemos ofrecer al mundo que nos rodea, entonces podemos comenzar a contemplar el dinero de nuevas formas. Pierde su poder mágico. Podemos empezar a pensar en él como en una simple muestra de prosperidad, una forma de simbolizar la corriente de la energía, y el esfuerzo humano que sostenemos en nuestras manos con gratitud, pues se lo entregamos a Dios.

Al final, no podemos separar nuestra vida espiritual de nuestras finanzas. Dios quiere que veamos la vida como un todo indivisible que le pertenece a Él en su totalidad. Le damos las gracias por lo que tenemos, y pedimos que podamos devolvérselo al mundo de una forma tangible. Dios solo quiere utilizar nuestro dinero para bendecirnos, y para bendecir a los demás.

Con este tipo de reajuste mental, podemos mirar de nuevo cómo la mujer de Proverbios 31 compra, ahorra e invierte. Toda la comunidad disfrutó de los granos que produjo su campo, y de las uvas que crecieron en su viñedo. No temía utilizar sus recursos de formas sabias para no solo aumentar su prosperidad, sino también la del mundo que la rodeaba.

Sé el Señor de mi cuenta corriente. Enséñame a pensar en el dinero de formas nuevas. Recuérdame ser más consciente de las maneras en que el dinero me conecta con los demás. Que mi uso del dinero pueda bendecir no solo a mi familia y a mí, sino también al mundo entero.

Una perspectiva financiera sana

El dinero es una de las cosas por las que más nos preocupamos. A veces nos olvidamos de que inquietarnos por el dinero lo convierte en un ídolo, ¡en la misma medida que nos convierte a nosotras en unas codiciosas! Aquí tienes unas cuantas cosas que tener en mente, que te ayudarán a comenzar a tener una relación espiritual más saludable con tus finanzas:

- Perdónate por los errores financieros pasados y sigue adelante. La mayoría de nosotras hemos tomado decisiones financieras de las que nos hemos arrepentido después, ¡pero no tenemos que permitir que esos errores definan el resto de nuestra vida! Si no hemos sido sabias en nuestras finanzas, nunca es demasiado tarde para permitir que la mujer de Proverbios 31 se convierta en nuestro modelo financiero. Deberíamos tomar tiempo para pensar en los errores que hemos cometido, meditar y aprender de ellos. ¿Qué podemos hacer de otro modo la próxima vez?

- No seas acaparadora. Al dinero también se le llama moneda y se supone que fluye entre las personas. Formamos parte de su circulación cuando compramos las cosas que necesitamos (lo que beneficia a otros seres humanos que fabrican y venden esas cosas), cuando ofrendamos el diezmo a nuestras iglesias, y cuando damos a aquellos que lo necesitan.

- Ora por tus facturas mientras las pagas. Pagar facturas es, a menudo, una actividad estresante que nos puede llevar a un estado de ansiedad. En cambio, podemos aprender a verlo como una oportunidad de expresar nuestra gratitud a Dios, y entregarle nuestras necesidades una a una. (Por ejemplo: "Amado Dios, estoy agradecida de tener un coche que conducir, pongo nuestro coche en tus manos". "Amado Dios, gracias por darnos electricidad para iluminar nuestra casa. Mientras pago mi factura, pongo en tus manos nuestras luces, nuestros aparatos, y todas las cosas de nuestra casa que necesitan electricidad. Permite que cada una pueda ser utilizada para tu gloria").

- Descubre tu riqueza verdadera. Cuando analizamos nuestras vidas con atención, descubrimos ámbitos en las que somos realmente bendecidas. Es posible que me encuentre ahora en un momento económico incierto, pero mi matrimonio es sano y fuerte. Tal vez no dispongas del dinero que necesitas para comprar la casa nueva que anhelas, pero posees abundante talento creativo. Menciona esos ámbitos de riqueza, y compártelos generosamente con el mundo.

- Sobre todo, recuerda que a Dios se le llama a veces Providencia, y que Él proveerá para tus necesidades.

Señor, haz que pueda utilizar mis recursos con cuidado y sabiduría. Gracias por todo lo que me has dado. Muéstrame cómo emplear cada bendición para bendecir a los demás.

Bendiciones

Se habla mucho en estos días del "evangelio de la prosperidad". Fuera de los círculos cristianos, las personas hablan sobre *El Secreto*. Lo que ambas cosas tienen en común es la idea de que Dios (o el universo) quiere que tengamos todas las bendiciones económicas y físicas que pudiéramos pedir.

Es cierto que Dios está esperando bendecirnos con riquezas incalculables, pero estas no son, necesariamente, bendiciones económicas. Cuando definimos la prosperidad en términos monetarios puros, es posible que nos decepcionemos.

Cuando esto ocurre, podemos convertirnos en unas cínicas con las promesas de Dios. Podemos dudar de que realmente se preocupe por nosotras, y quizás nos alejemos de él. "¿Qué tiene de bueno orar?", nos preguntamos quizás. "¡Dios nunca responde!".

Es difícil enfocarse en las bendiciones espirituales cuando tenemos miedo de no ser capaces de pagar nuestras facturas. Nos sentimos totalmente fuera del control de nuestras propias vidas, y ese es un sentimiento aterrador. Y, sin embargo, Dios puede tener regalos que darnos en medio de ese temor. Hasta puede utilizar nuestra ansiedad para acercarnos más a él. Cuando estamos desesperadas, ya no podemos confiar en otras fuentes de seguridad. Dios es lo único cuanto nos queda.

Cuando llegamos a ese punto, en el que realmente vemos (quizás por primera vez), que Dios es *lo único* que tenemos, nos damos cuenta de que en Él lo tenemos *todo*. Llegar a este punto de claridad y visión requiere, en primer lugar, la decisión por nuestra parte de confiar simplemente en Dios, al margen de lo que ocurra en el mundo exterior. Este tipo de fe lo exige todo por nuestra parte, un abandono total de nuestro control sobre nuestras vidas. Decimos junto a Job: "He aquí, aunque él me matare, en él esperaré" (Job 13:15 RVR1960). Podemos hacer la misma afirmación que hicieron los tres hebreos arrojados al horno de fuego: "Si se nos arroja al horno en llamas, el Dios al que servimos puede librarnos... pero, aun si nuestro Dios no lo hace", no le daremos la espalda (Daniel 3:17-18 NVI).

A lo mejor nunca hemos llegado a este lugar de fuego de rendición total, sin preocupaciones económicas y, ahora, en medio de las llamas, ¡nos damos cuenta de que aun así estamos a salvo! Descubrimos una prosperidad mayor y más amplia de la que promete la Ley de la Atracción.

"Y este mismo Dios quien me cuida", escribió Pablo a los filipenses, "suplirá todo lo que necesiten, de las gloriosas riquezas que nos ha dado por medio de Cristo Jesús" (4:19 NTV). Dios conoce tu necesidad más profunda, y anhela encontrarse contigo allí, con la generosidad de su amor.

Amoroso Señor, te entrego mi situación económica. Conoces mis preocupaciones. Sabes lo desesperada que me siento. Ayúdame a aceptar la ansiedad, y a ver lo que tiene que enseñarme. Dame la fuerza de rendirte el control de mi vida. Aumenta mi fe en ti.

PARTE VII

*Se arremanga con decisión
y trabaja con energía.*
—Versículo 17 BLP

Un corazón apacible

La mujer de Proverbios 31 es fuerte. No solo realiza su trabajo con alegría, sino que lo hace con energía. Debo confesar que no siempre me siento con mucha energía cuando voy a trabajar. Muchas cosas me roban fuerza. Una de las principales es la ansiedad. Me preocupo por el dinero; me preocupo por la salud de mis hijos; por mi presentación en el trabajo; por mi apariencia. ¡Algunos días me preocupo por casi todo! Sin embargo, la preocupación equivale a tener miedo de algo que solo existe en nuestra imaginación. No hay un peligro real que me aceche. Y mientras tanto, Dios está deseando darme (y darte a ti) un corazón apacible para no perder la fuerza en miedos huecos.

A veces, lo que roba la paz de nuestro corazón es nuestra insatisfacción con quiénes somos. Queremos ser más listas, más guapas, más delgadas, más divertidas. Nos comparamos con las demás que nos rodean, y descubrimos que no parecemos estar nunca a la altura. Desearíamos tanto poder lograr todo lo que nuestra hermana parece conseguir en un día, o poder mantener nuestras casas tan ordenadas como las de nuestras vecinas, o que nuestros hijos se comportasen tan bien como los hijos de nuestras amigas. Desearíamos ser mejores cocineras, más calmadas, más hábiles en nuestras profesiones, más creativas. ¡Desearíamos que nuestro pelo fuese más bonito! Y nos preocupamos y escandalizamos por cada una de estas cosas.

Cuando Jesús oye nuestras mentes parloteando así, probablemente desearía susurrar: "¡Shhh!". Como Custodio y Guardián de nuestra paz, simplemente nos pide que recibamos de Él el regalo de nosotras mismas.

Quiere que aceptemos humildemente quiénes somos y, a continuación, le entreguemos a esas personas, con todas sus imperfecciones. Él quiere que estemos en paz con nosotras mismas, tal como somos, para que podamos asumir las tareas que nos ha encomendado.

¿Qué se interpone en nuestro camino cuando intentamos alcanzar y tomar esta paz de él? A lo mejor es nuestro orgullo, nuestra necesidad de ser mejor que las demás, de impresionar a los demás, de sobresalir de la multitud. De algún modo, logramos sentirnos inseguras de nuestra propia valía, y somos egoístamente arrogantes, ¡todo al mismo tiempo! Sin embargo, Jesús nos dice: "El más importante entre ustedes será siervo de los demás. Porque quien se enaltece será humillado, y el que se humilla será enaltecido" (Mateo 23:11-12 MSG [trad. lit.]. En Jesús podemos estar verdaderamente completas, en paz con nosotras mismas, y entonces podemos utilizar nuestras fuerzas personales como se pretendió que fueran usadas.

Señor, recuérdame no robar mis propias fuerzas
con preocupaciones. Hazme fuerte con tu paz.

La oportunidad adecuada

La mujer de Proverbios 31 saca partido de las oportunidades que se le presentan. Es capaz de trabajar con tanta fuerza y energía, porque utiliza sabiamente todo cuanto se le ha dado.

La palabra *oportunidad* proviene de una palabra latina relacionada con el momento adecuado, el momento más favorable, el mejor momento para lograr algo. También tenía que ver con el término que empleaban los navegantes antiguos para dirigirse a puerto, empujados por vientos favorables.

¿Aprovechamos las oportunidades que el tiempo nos brinda? Es inevitable que perdamos algunas, pero podemos aprender a prestar más atención. John Maxwell escribe: "¿Qué son los inventores? Personas que ven oportunidades en cosas donde otros no ven nada, personas cuyos sentidos están vivos para las posibilidades creativas". ¡Nosotras también podemos practicar el detectar las "posibilidades creativas" en nuestras vidas!

Dios es el creador que ha compartido porciones de su infinita creatividad con nosotras. El libro de Éxodo nos indica que Dios "lo ha llenado (a nosotras) del Espíritu de Dios, de sabiduría, inteligencia y capacidad creativa para hacer trabajos" (35:31-32 NVI). La creatividad es un regalo de Dios para nosotras, y emplear nuestra creatividad es nuestro regalo para Dios. Todas somos llamadas a formar parte de la creación de Dios, y a hacer nuestra parte para enriquecer el mundo.

Sin embargo, a veces dudamos de nuestros propios poderes creativos, y esa duda roba nuestra fuerza. Stephen

Covey, autor de *Los 7 hábitos de las personas altamente efectivas*, escribe:

> *El proceso creativo es... aterrador... porque no sabes qué ocurrirá exactamente ni adónde te conducirá. No sabes qué nuevos peligros y retos encontrarás. Comenzar con el espíritu de la aventura, con el descubrimiento y la creatividad requiere una gran seguridad interior. Sin duda, debes abandonar la zona de confort del campamento base y enfrentarte a un desierto totalmente nuevo y desconocido.*[3]

Tal vez parezca extraño poder tenerle miedo a la creatividad, pero es necesario que consideremos con cuidado las palabras de Stephen Covey. ¿Estamos conteniendo nuestra fuerza de la obra que Dios desea que hagamos, por miedo a lo que podríamos crear? ¿Estamos dejando pasar oportunidades, porque el cambio nos incomoda y, en realidad, no queremos ver las posibilidades creativas? Inevitablemente, la creatividad sacude las cosas. Trae al mundo cosas nuevas. El empresario y autor Edward de Bono escribe: "La creatividad implica romper los patrones establecidos para poder ver las cosas de un modo diferente". Esas nuevas perspectivas pueden parecer una amenaza a nuestra seguridad. El político del siglo XX James F. Byrnes declaró: "Demasiada gente piensa en la seguridad y no en la oportunidad". El autor Mark Twain escribió estas sabias palabras: "Dentro de veinte años lamentarás más las cosas que no hiciste que las que hiciste. Así que suelta amarras y abandona el puerto seguro. Atrapa los vientos en tus velas... Explora... Sueña... Descubre".

---

3.   Stephen Covey, *Los 7 hábitos de las personas altamente efectivas*; (Barcelona: Editorial Planeta, 2015).

Gracias, Dios Creador, por darme creatividad. Muéstrame las oportunidades que me das para ser creativa, y dame el valor y la fuerza para permitir que el viento de tu Espíritu llene mis velas.

¡Mujer segura!

La mujer de Proverbios 31 no parece dudar de sus habilidades; rebosa seguridad. Pero seguro que incluso tuvo (como todas nosotras) momentos de duda. Y si no fue así ¿dónde encontraba su fuerza y seguridad? A lo mejor había aprendido a depender de Dios para tener fuerza. La experiencia de su vida le había enseñado que nada es demasiado difícil para el Señor (Génesis 18:14).

Incluso los mayores santos de la Biblia tuvieron momentos en los que les fallaron sus fuerzas. Todos fueron débiles a veces. Piensa en Abraham, quien dudó de la capacidad de Dios para darle hijos a él y a Sara. La situación parecía verdaderamente desesperanzadora. De hecho, abandonar la esperanza parecía la decisión más racional, ya que tanto Abraham como Sara eran técnicamente demasiado mayores para tener hijos. Pero Dios le pidió a Abraham que echara un vistazo a las estrellas, e intentara contarlas. Entonces, con esta perspectiva de infinitud en la mente de Abraham, Dios prometió que Abraham y Sara tendrían tantos descendientes como las estrellas. En la actualidad existen catorce millones de judíos en el mundo. Es evidente que Dios ha mantenido su promesa a Abraham. A veces hacemos demasiado espiritual esta promesa, y olvidamos con exactitud lo que Dios hizo por Abraham y Sara: ¡les dio fuerza sexual y reproductiva!

La Biblia está llena de promesas que Dios nos ha hecho en relación a la fuerza. Una vez tras otra nos asegura que incluso cuando somos débiles, podemos ser fuertes en él. "Mi carne y mi corazón desfallecen —escribió el salmista—, mas la roca de mi corazón y mi porción es Dios para siempre" (Salmos 73:26 RVR1960). Dios tiene la fuerza de hacer lo imposible también en nuestras vidas. Nosotras podemos reclamar del mismo modo la promesa que le hizo al apóstol Pablo: "Te basta con mi gracia, pues mi poder se perfecciona en la debilidad". Y podemos decir junto a Pablo: "Por lo tanto, gustosamente haré más bien alarde de mis debilidades, para que permanezca sobre mí el poder de Cristo. Por eso me regocijo en debilidades... porque, cuando soy débil, entonces soy fuerte" (2 Corintios 12:9-10 NVI). Pablo nos dice que la verdadera fuerza tiene que ver más con el amor que con la fuerza o el poder. "Arraigados y cimentados en amor", escribió, "puedan comprender, junto con todos los santos, cuán ancho y largo, alto y profundo es el amor de Cristo; en fin, que conozcan ese amor que sobrepasa nuestro conocimiento, para que sean llenos de la plenitud de Dios" (Efesios 3:17-19 NVI).

Y quizás es precisamente por eso que la mujer de Proverbios 31 podía ser tan fuerte: porque estaba llena de amor por Dios y por su casa.

Señor, reconozco mi debilidad hoy. Aun así, que no me robe la capacidad de hacer mi trabajo, sino que me ayude a depender de ti para tener fuerzas. Que tu amor fluya a través de mí.

Una nueva perspectiva

A menudo, cuando sentimos que nos faltan las fuerzas que necesitamos, es porque nos enfocamos tanto en el problema que no podemos ver nada más. Nuestra enorme dificultad bloquea nuestra vista, y no podemos ver las oportunidades ni las posibilidades creativas (ni a Dios, que está esperando prestarnos su fuerza).

Cuando esto ocurre, es necesario que nos alejemos lo suficiente de la situación para recuperar nuestra perspectiva. Una de las mejores formas de ganar una nueva apreciación puede ser pasar algún tiempo con las Escrituras. Cuando nos volvemos a la Biblia, podemos descubrir una y otra vez que Dios ayudó a su pueblo con "mano fuerte, y brazo extendido". El brazo de Dios es fuerte, ¡y siempre está preparado para bajar y echarnos una mano!

Aquí tenemos algunos versículos para leer y meditar cuando nos sintamos demasiado débiles para manejar todo lo que la vida nos lanza.

"La mano del Señor no es corta para salvar, ni es sordo su oído para oír", dijo el profeta Isaías (59:1 NVI), y el profeta Jeremías afirmó el mismo mensaje: "¡Ah, Señor mi Dios! Tú, con tu gran fuerza y tu brazo poderoso, has hecho los cielos y la tierra", dijo Jeremías (32:17 NVI). Isaías también escribió:

¿No has sabido, no has oído que el Dios eterno es Jehová, el cual creó los confines de la tierra? No desfallece, ni se fatiga con cansancio, y su entendimiento no hay quien lo alcance. El da esfuerzo al cansado, y multiplica las fuerzas al que no tiene ningunas. Los muchachos se fatigan y se cansan, los jóvenes flaquean y caen; pero los que esperan a Jehová

tendrán nuevas fuerzas; levantarán alas como las águilas;
correrán, y no se cansarán; caminarán, y no se fatigarán.
(ISAÍAS 40:28-31 RVR1960)

En el libro de Deuteronomio, Josué dijo a sus hombres antes de ir a la batalla: "Esforzaos y cobrad ánimo; no temáis, ni tengáis miedo de ellos, porque Jehová tu Dios es el que va contigo; no te dejará, ni te desamparará" (31:6 RVR1960). Y el salmista nos dio estas alentadoras palabras:

Te amo, oh Jehová, fortaleza mía.
Jehová, roca mía y castillo mío, y mi libertador;
Dios mío, fortaleza mía, en él confiaré;
mi escudo, y la fuerza de mi salvación, mi alto refugio.
Invocaré a Jehová, quien es digno de ser alabado,
y seré salvo de mis enemigos.
(SALMOS 18:1-3 RVR1960)

Señor, te ruego que descienda tu brazo fuerte y me
ayudes con este problema que parece insuperable.
Dame una nueva perspectiva. Enséñame a
depender de tu fuerza en lugar de la mía.

Forma física

La mujer de Proverbios 31 debía de haber tenido fuerza física además de espiritual y emocional. Si queremos que ella sea nuestro modelo, necesitamos evaluar la forma física de nuestro cuerpo. ¿Es este un ámbito de nuestra vida en el que necesitamos realizar cambios?

Según numerosos estudios, las personas que hacen ejercicio de forma regular, son mejores trabajadores. Realizan mejor su trabajo (en términos de calidad y cantidad), y están más contentas en sus trabajos. ¡Tienes brazos fuertes para hacer su trabajo con energía!

El ejercicio regular nos hacer más fuertes en más de un sentido. La Clínica Mayo afirma que las personas que hacen ejercicio enferman menos, tienen niveles más altos de energía, duermen mejor y sus emociones son más estables que el resto de las personas que no lo practican. La Asociación Americana del Corazón hace otra afirmación sobre el ejercicio regular: junto a la mejora de la función cardíaca y la disminución de la presión de la sangre, mejora tu equilibrio y resistencia física, y aumenta tu autoestima. Las personas que hacen ejercicio viven más que quienes no lo hacen.

De modo que, si tu rutina diaria no implica mucha actividad física (y la mayoría de nosotras tiene trabajos sedentarios hoy día), podrías considerar hacer ejercicio como una prioridad en tu ajetreada vida. Es probable que te parezca no tener tiempo para encajar una cosa más, pero el ejercicio regular te hará realmente más productiva en tu tiempo de trabajo.

Tus fuerzas físicas también están conectadas con tu dieta. Los cuerpos sanos necesitan una dieta equilibrada y una buena alimentación. Necesitan abundante verdura y fruta, así como cereales y proteína. ¡Una dieta continua de comida rápida y de panes y postres procesados *no* construye un cuerpo fuerte! Saltarte comidas por estar demasiado ocupada como para tomarte el tiempo de comer, tampoco es una buena idea. Te puede volver irritable y te marearás. La química de tu cerebro cambia cuando comes los alimentos equivocados o te saltas comidas, y esto afectará a tus emociones.

En primer lugar, cambiar nuestros hábitos puede resultar difícil. Requiere compromiso y disciplina. Necesitamos estar fuertemente motivadas. Querer estar delgadas o en forma para medirnos por los estándares de la sociedad de la belleza femenina puede no ser suficiente motivación para mantenernos enfocadas en preocuparnos de nuestros cuerpos. En cambio, puede que necesitemos recordarnos que nos preocupamos de nuestros cuerpos como un regalo para nosotras mismas, y para Dios.

Nuestra cultura piensa a menudo en los cuerpos y en las almas como cosas separadas, pero la Biblia no indica que Dios nos vea de ese modo, y la ciencia tampoco apoya esta perspectiva. Realmente no podemos separar nuestra salud física de la emocional, y ambas se entrecruzan con nuestra salud espiritual.

Dios ve el conjunto de todo nuestro ser, y quiere que nos preocupemos de todos los aspectos de nuestra personalidad. Somos creadas a la imagen de Dios y cuando nos preocupamos de nuestros cuerpos, también nos preocupamos de la imagen de Dios. Nos estamos preocupando de la creación de Dios. Cuando lo hacemos, nuestro ánimo florece. Recobramos la fuerza que Dios pretende que tengamos.

¡Nosotras, al igual que la mujer de Proverbios 31, seremos fuertes y enérgicas mientras hacemos nuestro trabajo diario!

Dios, me conoces por completo, mi mente, mi alma y mi cuerpo. Sabes que quiero ser fuerte. Permite que sea responsable de preocuparme de todos los aspectos de mí misma, para poder servirte con fuerza y energía.

PARTE VIII

Se complace en la prosperidad de sus negocios,
y no se apaga su lámpara en la noche.
—Versículo 18 nvi

Una fuente de luz

La mujer de Proverbios 31 demuestra, una vez más, aquí, en el versículo 18, sus sabias prácticas de negocio. Se asegura de que sus empresas sean "prósperas", y presupuesta sus recursos para tener suficiente cuando necesite depender de ellos. Todavía podemos ir más allá metafóricamente. Si somos como esta mujer, tendremos una fuente de luz incluso en los momentos oscuros de la vida.

Esa luz es nuestra confianza en Dios y en sus promesas. Su palabra es poderosa, y no solo se halla en la Biblia. También vive en nuestros corazones. Como hijas de Dios, brillamos con ella, aun en medio de la oscuridad. Su vida salta en nosotras, e ilumina nuestro camino.

Y, por este motivo, no nos desanimamos ni dejamos que nuestros corazones se abrumen por la presión y la ansiedad. Jesús, la Vida Verdadera, vive en nuestros corazones. Podemos estar confiadas, porque nuestra luz proviene de Dios, y nada puede apagarla.

"Ustedes saldrán con alegría y serán guiados en paz", dijo el profeta Isaías; "a su paso, las montañas y las colinas prorrumpirán en gritos de júbilo y aplaudirán todos los árboles del bosque" (55:12 NVI). Otros versículos afirman la luz dentro de nuestros corazones, la luz que nunca se apaga de noche:

"Si estás lleno de luz, sin rincones oscuros, entonces toda tu vida será radiante, como si un reflector te llenara con su luz". (Lucas 11:36 NTV)

"Pues el mismo Dios que dijo: Resplandezca la luz desde el seno de las tinieblas es el que la ha hecho resplandecer en nuestros corazones, para que irradiemos la luz del conocimiento glorioso de Dios reflejado en el rostro de Cristo". (2 Corintios 4:6 BLP)

"Jesús... dijo: 'Yo soy la luz del mundo. Si ustedes me siguen, no tendrán que andar en la oscuridad porque tendrán la luz que lleva a la vida'". (Juan 8:12 NTV)

"Los que moraban en tierra de sombra de muerte, luz resplandeció sobre ellos". (Isaías 9:2 RVR 1960)

¡Señor, estoy tan agradecida de que tu luz brille en mi corazón y nunca se apague!

Los siguientes pasos

Tenemos la luz de Dios en nuestro interior y, sin embargo, aún nos encontramos con largas noches espirituales en las que se diría que nuestra luz se hubiera apagado. Podría tratarse de una larga enfermedad que parecería haberla apagado; podría ser una muerte en la familia, la pérdida de un trabajo o la ruptura de un matrimonio. Lo que quiera que sea, nos asusta. Nos hace sentir como si no pudiéramos ver el camino por delante. Nos sentimos como si la luz nos hubiese abandonado.

Cuando esto ocurre, podemos sentirnos como si fuéramos culpables. Nos preguntamos si hemos sido tan responsables como la mujer de Proverbios 31. ¿Fue una falta de atención la que provocó que nuestra luz se apagara? ¿Hicimos algo mal? ¿Nos falta fe?

La autora Barbara Brown Taylor escribió en la revista *Time* sobre este asunto: "La cristiandad nunca ha tenido nada bonito que decir sobre la oscuridad —expresó—. Desde los primeros tiempos, los cristianos han utilizado la "oscuridad" como un sinónimo de pecado, ignorancia, ceguera espiritual y muerte. Pero, Dios está en la oscuridad", afirmó ella.

Cuando, a pesar de todos mis mejores esfuerzos, la luz se ha apagado en mi vid... y me sume en el tipo de oscuridad que hace flaquear mis rodillas, no obstante... he aprendido cosas en la oscuridad que nunca podría haber aprendido en la luz, cosas que han salvado mi vida una y otra vez,

por lo que realmente existe solo una conclusión: necesito la
oscuridad tanto como la luz.[4]

Resulta útil saber que estos momentos oscuros nos
llegan a todas. Son normales. Hasta son sanos. Así como
el mundo natural necesita el día y la noche, nosotras
necesitamos también periodos de iluminación espiritual y
momentos de oscuridad espiritual. Pero saberlo, no aleja
el miedo ni el dolor que experimentamos durante estos
periodos oscuros.

A veces parece que no podemos soportarlo un día
más, y menos aún otra noche en la que estamos acostadas,
despiertas y preocupadas. Nos envuelven la lucha, las
adversidades, el dolor y la dificultad. Clamamos (a Dios, a la
vida): "Por favor. ¡Ya no más! Ya no puedo resistir nada más".

En esos momentos de desesperación, es preciso que
nos preguntemos: "¿Podrás aguantar una hora más?". Si es
así, podemos centrar nuestra energía en eso, y en nada más.
Si no podemos resistirlo una hora más, ¿lo aguantaríamos
durante la próxima media hora... los próximos quince
minutos... el próximo minuto? Entonces podemos
comprometernos con ese pequeño espacio de tiempo, sin
mirar más allá.

A veces, la luz de Dios solo ilumina la penumbra un
paso por delante. En ese caso, sencillamente tenemos que
dar ese paso. No hay que preocuparse por el siguiente (el
minuto, la hora o el día siguientes). Cuando afrontamos los
momentos, los minutos, las horas tal como llegan, una por
una, sin preocuparnos por la oscuridad que parece haber
más allá, descubriremos que Dios nos proporciona la luz

---

4. Barbara Brown Taylor, "In Praise of Darkness," Time, 17 abril 2014,
http://time.com/65543/barbara-brown-taylor-in-praise-ofdarkness.

necesaria. Despacio, momento a momento pasamos a un lugar nuevo. Amanece un nuevo día.

El autor Oswald Chambers escribió: "Los momentos oscuros están permitidos, y nos llegan a través de la soberanía de Dios. ¿Estamos preparados para dejar que Dios haga lo que quiera con nosotros? ¿Estamos preparados para estar separados de las bendiciones externas y evidentes de Dios?".

Señor, aumenta mi fe en ti en durante los momentos oscuros. Haz que esté dispuesta a caminar paso a paso. Ayúdame a estar dispuesta a aprender todo lo que intentas enseñarme durante este periodo oscuro de mi vida.

Estado de preparación

Muchas cosas pueden causar nuestras noches espirituales y emocionales. Los planes que teníamos se vienen abajo. Se desvanecen nuestros sueños. Nuestros corazones se rompen. La vida nos roba aquello que creíamos necesitar más. Tristemente, ¡así es la vida!

Si somos como la mujer de Proverbios 31, esperaremos los momentos oscuros y nos prepararemos para ellos. Una forma de hacerlo es construir buenos hábitos durante la "luz". En otras palabras, crear rutinas durante los días más fáciles que nos sostendrán en los momentos difíciles. Podría ser pasar tiempo a solas con Dios cada día. O hacer del ejercicio algo tan rutinario como lavarse los dientes. Las rutinas habituales pueden sostenernos incluso cuando no nos queda ya energía, y estos hábitos saludables nos darán la fuerza que necesitamos en la oscuridad.

Los buenos hábitos no siempre tienen que ser cosas que *hagamos*; también pueden ser hábitos de pensar. La "Oración de Jesús" es un buen ejemplo. Durante siglos, algunos cristianos han repetido mentalmente esta oración: "Señor Jesucristo, Hijo del Dios vivo, ten misericordia de mí, pecador", hasta llevar un ritmo mental en los pensamientos. No es una vana repetición, sino un entrenamiento de los hábitos de la mente. Su mente siempre tiene, por defecto, una oración que les recuerda su relación con Dios.

A menudo tenemos hábitos mentales negativos, y esto puede llegar a ser más destructivo durante los momentos oscuros de nuestra vida. Podríamos tener la costumbre de la autocrítica metida en la cabeza; por ejemplo, decirnos cosas como esta: "Eres tan estúpida"; "Pareces tonta"; "Te ves gorda"; o "Nunca serás capaz de hacer esto". Nos llegamos a acostumbrar tanto a esta corriente silenciosa y habitual de conversación interna que llegamos a no darnos cuenta de lo que estamos haciendo. Toda esta autoconversación negativa llega a ser particularmente mortal cuando ya estamos cansadas y angustiadas. Puede paralizarnos hasta el punto de no poder encontrar el camino para salir de la oscuridad.

Los psicólogos sugieren crear patrones habituales de autoconversación positiva durante nuestros momentos altos para que esos hábitos nos hagan más fuertes en los momentos bajos. Esto no significa que nos digamos cosas que sabemos que no son ciertas; no necesitamos decir: "Eres tremendamente bella. Eres una diosa", por ejemplo, si esa no es exactamente la verdad. En cambio, podemos crear el hábito de ratificarnos nosotras mentalmente, y también el poder de Dios nos ayuda a crecer. Podríamos decir cosas como: "Sé que ahora mismo tengo sobrepeso, pero Dios puede ayudarme a perder cinco kilos [10 libras]", o: "Perdí esa oportunidad, pero aprenderé de mi error y, con la ayuda de Dios, lo haré mejor la próxima vez".

Sin embargo, el primer paso consiste en darse cuenta de los malos hábitos que tenemos, que solo nos sumirán en una confusión más profunda durante las noches de nuestra vida; después podemos tomar medidas para reemplazarlos por hábitos que nos darán fuerza. Entonces seremos capaces de trabajar de un modo provechoso, como la mujer de Proverbios 31, para la gloria de Dios, incluso en la oscuridad.

Dios, que tu luz brille en los hábitos que tengo,
que me confunden y oscurecen mi entendimiento.
Revélamelos para que yo pueda reemplazarlos
por unos hábitos positivos que me ayuden a
navegar incluso en las noches más oscuras.

Vida de oración

La mujer descrita en Proverbios 31 entabla actividades "prósperas". El significado literal de las palabras hebreas que utiliza este versículo es este: "siente que lo que gana de su trabajo es agradable". En otras palabras, se complace en él, pero no es un tipo de placer egoísta, sino el gozo que nace de saber que lo que estás haciendo es bueno para ti y para el mundo que te rodea.

De hecho, nuestro trabajo debería tener algo en común con la oración. C. S. Lewis escribió que los dos medios por los cuales "se nos permite producir acontecimientos pueden denominarse trabajo y oración". El cristiano del siglo V, San Benito de Nursia, enseñó algo muy parecido. Su lema era: "Ora y trabaja", y creía que la oración y el trabajo debían ser compañeros, y llevarse a cabo de forma interna la primera, mientras el segundo se desarrolla de forma externa, así como las dos manos trabajan juntas.

Aquí tienes algunas sugerencias para fusionar tu vida de oración con tu vida de trabajo, en un conjunto unificado:

- Comienza dando gracias a Dios cada mañana por el trabajo que tienes. Pídele ayuda para adoptar la actitud recomendada en Colosenses 3:23: "Trabajen de buena gana en todo lo que hagan, como si fuera para el Señor y no para la gente" (NTV).
- Si realizas un trayecto matinal, en auto o en tren, usa el tiempo como una oportunidad de orar por el día que tienes por delante. Si tienes auriculares y un smartphone, podrías utilizar una web como Pray as You Go (http://www.pray-as-you-go.org/home), que

te proporciona devocionales diarios consistentes en música, texto bíblico, meditación y oración.

- ✎ Si trabajas con una computadora, utiliza el tiempo mientras se enciende para dedicar a Dios todo lo que haces en ella.

- ✎ Antes de una reunión con tus compañeros de trabajo, clientes o supervisores, pídele a Dios que guíe tus palabras, y que te dé visión.

- ✎ Cada vez que recibas o envíes un e-mail, o cuando realices o recibas una llamada de teléfono, habitúate a bendecir en silencio a esa persona con la que te estás comunicando. (Una bendición puede ser tan rápida y tan sencilla como: "Bendición para ti", o, "Dios, por favor bendice a _.").

- ✎ Crea también el hábito de bendecir en silencio a tus compañeros de trabajo y supervisores (incluso a los que son difíciles de amar), cada vez que pases por delante de ellos en la entrada o por sus oficinas.

- ✎ ¡Nunca cotillees sobre tus compañeros de trabajo!

- ✎ El día de cobro, agradece a Dios por su provisión económica, y pídele que bendiga a la compañía o a la persona para la que trabajas.

- ✎ Cuando salgas de tu lugar de trabajo y te marches a casa, agradece a Dios por estar contigo a lo largo del día. Pídele que te ayude a desconectar mentalmente del trabajo para poder relajarte y centrarte en tu familia.

Te pido que seas el Señor de mi trabajo. Que mi trabajo sea una oración para que pueda agradarte a ti como complace mi propio corazón.

El mayor gozo

A veces necesitamos tomarnos un momento para poder percibir aquello que verdaderamente sí nos proporciona el mayor gozo. Nuestra sociedad nos dice que necesitamos dinero para ser felices. Los anuncios y las publicidades llenan nuestros cerebros con la idea de que necesitamos comprar, comprar y comprar para estar contentas. Las revistas y las películas nos hacen pensar que necesitamos tener un aspecto determinado para estar satisfechas con nosotras mismas. Necesitamos reajustar nuestras percepciones para que, igual que la mujer de Proverbios 31, podamos sentir lo que da verdadero gozo a nuestro corazón. Es necesario que tengamos una mejor comprensión de lo que es realmente provechoso para nosotras.

Pablo le escribió a Timoteo: "Pero gran ganancia es la piedad acompañada de contentamiento" (1 Timoteo 6:6 RVR1960). Jesús enseñó que debemos buscar a Dios y su justicia como prioridad (Mateo 6:33). Este es el primer paso hacia la realineación de nuestros valores con lo que es *verdaderamente* real. Como Pablo, necesitamos aprender a contentarnos, sin importar nuestras circunstancias (Filipenses 4:11-13), confiar en que Dios siempre se preocupa de nuestras necesidades. Lo mejor que podemos hacer para estar seguras de que estamos contemplando el trabajo y la riqueza desde la perspectiva de Dios es, quizás, leer con frecuencia estas palabras de Jesús:

"No acumulen para sí tesoros en la tierra, donde la polilla y el óxido destruyen, y donde los ladrones se meten a robar. Más bien, acumulen para sí tesoros en el cielo, donde ni la

polilla ni el óxido carcomen, ni los ladrones se meten a robar. Porque donde esté tu tesoro, allí estará también tu corazón... Nadie puede servir a dos señores, pues menospreciará a uno y amará al otro, o querrá mucho a uno y despreciará al otro. No se puede servir a la vez a Dios y a las riquezas. Por eso les digo: No se preocupen por su vida, qué comerán o beberán; ni por su cuerpo, cómo se vestirán. ¿No tiene la vida más valor que la comida, y el cuerpo más que la ropa? Fíjense en las aves del cielo: no siembran ni cosechan ni almacenan en graneros; sin embargo, el Padre celestial las alimenta. ¿No valen ustedes mucho más que ellas? ¿Quién de ustedes, por mucho que se preocupe, puede añadir una sola hora al curso de su vida? ¿Y por qué se preocupan por la ropa? Observen cómo crecen los lirios del campo. No trabajan ni hilan; sin embargo, les digo que ni siquiera Salomón, con todo su esplendor, se vestía como uno de ellos. Si así viste Dios a la hierba que hoy está en el campo y mañana es arrojada al horno, ¿no hará mucho más por ustedes, gente de poca fe? Así que no se preocupen diciendo: "¿Qué comeremos?" o "¿Qué beberemos?" o "¿Con qué nos vestiremos?". Los paganos andan tras todas estas cosas, pero el Padre celestial sabe que ustedes las necesitan. Más bien, busquen primeramente el reino de Dios y su justicia, y todas estas cosas les serán añadidas. Por lo tanto, no se angustien por el mañana, el cual tendrá sus propios afanes. Cada día tiene ya sus problemas" (Mateo 6:19-21, 24-34 NVI).*

En el evangelio de Marcos, Jesús preguntó: "Porque ¿qué aprovechará al hombre si ganare todo el mundo, y perdiere su alma?" (8:36 RVR 1960). Necesitamos tener esto siempre en mente, ¡incluso (o tal vez de forma especial), en medio de nuestras ajetreadas vidas!

112

Jesús, tú entiendes cómo piensan los humanos.
Sabes con qué facilidad nos preocupamos. Ayúdame
a mirar la vida desde tu perspectiva. Recuérdame
escuchar tus palabras en lugar de los mensajes
que me envía el mundo. Haz que pueda entender
lo que es verdaderamente provechoso para mí.

Lo único que necesitamos

Cuando leemos los Evangelios, vemos una y otra vez ejemplos de la capacidad de Jesús para proveernos de todo cuanto necesitamos. A menudo convertía las situaciones de desesperanza en oportunidades de posibilidad creativa.

Cuando los discípulos necesitaron alimentar a la multitud, Jesús multiplicó el pan y los peces de un pequeño para que, de algún modo, un poco de comida llegase a ser lo suficientemente abundante para alimentar a miles. Cuando los discípulos necesitaron pagar los impuestos, Jesús les dijo que pescaran un pez que llevaría en su boca el dinero que ellos necesitaban. Cuando los discípulos habían pasado toda la noche pescando sin capturar nada, Jesús los dirigió para que arrojaran de nuevo su red del otro lado del barco. Al hacerlo, su red estaba tan llena de peces que pesaba demasiado para subirla a bordo.

Todas estas historias nos enseñan que Jesús era capaz de preocuparse de las necesidades de sus seguidores una y otra vez. No lo hacía proporcionándoles grandes riquezas económicas, sino que obraba con materiales ordinarios de la vida cotidiana para crear abundancia en sus vidas.

Jesús dependía de su Padre para suplir sus necesidades y, como Él, nosotras también somos hijas de Dios. Él es un padre amoroso que se goza en darnos. En Mateo 7:11, Jesús nos recuerda: "Pues si ustedes... saben dar cosas buenas a sus hijos, ¡cuánto más su Padre que está en el cielo dará cosas buenas a los que le pidan!" (NVI). Como la mujer de Proverbios 31, nosotras también podemos percibir la verdadera riqueza en nuestra vida. Si se lo permitimos, Dios nos mostrará las monedas escondidas en lugares inesperados, el pez que aguarda a ser pescado, y la comida lista para ser multiplicada.

La providencia de Dios es lo bastante grande como para abarcar toda la creación. Desde el principio del universo hasta su final; desde el mundo inanimado de todas las criaturas vivas hasta el mundo inanimado de la química, la electricidad y la gravedad; desde segundos de tiempo hasta eones; desde el nacimiento hasta la muerte; desde el gozo hasta la tristeza, todas y cada una de las cosas están sostenidas dentro del escudo del amor de Dios.

Si Dios puede hacer todo esto, ¡entonces ciertamente es lo suficientemente grande para manejar nuestras necesidades!

Dios Creador, tu providencia abarca mi vida. Haz que pueda aprender a confiar en ti de una forma incluso más completa. Que venza mi duda que pone límites a tu amor. Enséñame a esperar que hagas cosas asombrosas en mi vida. Dame una esperanza de bendición, y ayúdame a ver lo que más necesito para ser verdaderamente rica.

PARTE IX

Con una mano sostiene el huso y
con la otra tuerce el hilo.
—VERSÍCULO 19 NVI

Fuerza e inteligencia

La mujer descrita en Proverbios 31 es talentosa y competente. Sus habilidades son bastante diferentes de las nuestras (la mayoría de nosotras probablemente no haya sostenido un huso ni torcido hilo recientemente), pero hace malabarismos a cada paso con las muchas responsabilidades, igual que lo hacemos nosotras en el siglo XXI. De hecho, es posible que estemos un poco intimidadas por la fuerza y la dignidad que la cubren. ¡Es capaz de lograr *tanto*! Desde ocuparse de su esposo hasta plantar viñedos, desde emprender asuntos de negocios hasta proveer comida para su casa. ¡Y parece hacerlo todo a la perfección!

Mientras tanto, conforme intentamos manejar nuestras responsabilidades, podemos sentir como si tiraran de nosotras en incontables direcciones contradictorias. Tenemos que cumplir con un plazo límite en el trabajo, y tener la cena en la mesa. Tenemos que llegar al trabajo puntuales, y llevar a nuestros hijos a la escuela antes de que suene la campana. Necesitamos hacer la colada, y colaborar en la escuela. ¡Nuestras vidas no parecen muy perfectas! Vivir según los estándares de la mujer de Proverbios 31 puede parecer imposible.

Pero el objetivo del autor no era avergonzar a la mujer mostrando un parangón de virtud imposible de imitar, sino que se toma muy en serio "el trabajo de la mujer"; el autor honra la fuerza y la inteligencia necesarias para atender una casa, a la vez que se es una mujer de negocios.

Entretanto, nuestra cultura nos ha enseñado a considerar el trabajo doméstico como algo servil y humillante. Lo desestimamos como si no fuera "trabajo verdadero", el tipo de trabajo por el que se nos remunera. Nuestro mundo piensa a menudo que las tareas de la casa son un trabajo que no se valora demasiado. Es un "trabajo de sirvientes" (que es bastante distinto a sentir que estás *sirviendo*). Preparar la comida y ocuparse de una familia está, a menudo, infravalorado, a pesar de lo esencial que es para la vida.

El trabajo de casa *es* servil, pero la palabra latina original de la que proviene nuestra palabra moderna no tiene nada que ver con la inferioridad, sino que significaba "quedarse, morar". Cuando realizamos este tipo de trabajo, no solo nos estamos ocupando de objetos inanimados: estamos creando un hogar, un lugar en el que nuestras familias (y nosotras mismas) podemos saborear la estabilidad y la permanencia de Dios, "en el cual no hay mudanza, ni sombra de variación" (Santiago 1:17 RVR1960).

El salmo 23:2 nos indica: "He aquí... como los ojos de la sierva a la mano de su señora, así nuestros ojos miran a Jehová nuestro Dios, hasta que tenga misericordia de nosotros" (RVR1960). Este versículo coloca a Dios en el papel de ama de casa, la señora de la casa. Aquí, Dios es el que se ocupa de una casa complicada; como la mujer de Proverbios 31, Dios provee alimento para nosotras, nos viste y nos abre sus brazos de amor. Dios vela por nuestros asuntos, y está íntimamente involucrado en los detalles físicos de nuestras vidas.

Así que, ¿por qué nos molesta hacer el mismo tipo de trabajo para nuestras familias?

Señor, haz que mis manos puedan ser tus manos
mientras hago mi trabajo, tanto en mi casa como
en mi lugar de trabajo. Que mis pequeños esfuerzos
reflejen tu mayor obra. Úsame. Vive en mí.

Para el Señor

En el libro de Efesios, Pablo nos aconseja: "Trabajen con entusiasmo, como si lo hicieran para el Señor y no para la gente" (6:7 NTV).

A veces es difícil sentir que estamos trabajando para el Señor cuando estamos ocupadas en barrer el suelo y cambiar los pañales del bebé, hacer la compra y pagar las facturas. Sin embargo, al realizar estas tareas ordinarias, podemos elegir santificarlas de forma consciente, y entregarle cada una de ellas a Dios.

El ciclo de nuestros días gira y gira, como el hilo en la rueca y el huso de un telar. Realizamos los mismos trabajos una y otra vez. Luchamos para ser pacientes cuando recogemos del suelo del dormitorio los calcetines sucios de nuestros maridos por decimoquinta vez esta semana. Secamos el zumo derramado del suelo de la cocina hoy, igual que lo hicimos ayer y anteayer. Respondemos a las preguntas de nuestros hijos una y otra vez. Recorremos cada día el mismo camino hasta el trabajo; es tan familiar que la mayoría de las veces lo hacemos en modo "piloto automático".

Pero cada una de estas tareas, aparentemente pequeñas y hasta insignificantes, adquieren un sentido de propósito cuando comenzamos a hacerlas para el Señor.

No siempre es fácil. Es posible que a veces necesitemos nuestros poderes imaginativos. Los niños son buenos imaginando, pero como adultos hemos descuidado quizás esta habilidad. Sin embargo, es una habilidad útil que Dios puede usar y bendecir. La próxima vez que estés realizando una tarea aburrida, tu imaginación puede ayudarte a echar un vistazo a lo que es verdaderamente real. Mientras friegas el suelo de la cocina, imagina que Jesús caminará por él; cuando prepares un informe en el trabajo, imagina que Jesús lo revisará; cuando hagas la colada familiar, imagina que Jesús llevará la ropa limpia. No es un mero juego de imaginación; cuando ofrecemos cada cosa que hacemos en servicio a Jesús, incluso las más pequeñas, las tareas más rutinarias se vuelven santas.

También podríamos intentar orar mientras trabajamos, y utilizar el ritmo de lavar los platos, barrer los suelos, o estar detenidas ante un semáforo, como oportunidades de construir pequeñas oraciones. Por ejemplo, podríamos orar por un miembro de la familia distinto en cada semáforo en rojo en el que nos detengamos. O podríamos orar estas líneas de los Salmos mientras pasamos la aspiradora: "Que el favor del Señor nuestro Dios esté sobre nosotros. Confirma en nosotros la obra de nuestras manos; sí, confirma la obra de nuestras manos" (90:17 NVI). Conforme creamos estos hábitos de oración, seremos capaces de practicar el consejo de Pablo: "Trabajen siempre para el Señor con entusiasmo, porque ustedes saben que nada de lo que hacen para el Señor es inútil" (1 Corintios 15:58 NTV).

Amado Señor, santifica con tu presencia
las tareas repetitivas que llenan mi día:
Que tu gracia y amor sean tejidos a través
de mi trabajo. Te ofrezco cada tarea.

Para su gloria

Cuando nos preocupamos por nuestros hogares y familias, también participamos en la obra de providencia de Dios. En palabras del autor Douglas J. Schurman, se nos da la oportunidad de "participar en el cuidado providente de Dios para la creación, a través de (nuestras) actividades".

Sin embargo, a menudo caemos en el hábito de pensar en el "trabajo de la iglesia" y "trabajo del mundo", como si uno de ellos fuese más santo que el otro. R. C. Sproul Jr. declaró: "Nuestra tendencia en la iglesia evangélica es separar nuestra vida espiritual de la vida ordinaria. Si podemos tener la perspectiva de que estamos trabajando para el reino y para Jesús, y que nuestro trabajo es un sacrificio para Él, acabaremos siendo ricamente recompensados".[5]

Martín Lutero, el gran reformador protestante, estaba de acuerdo. Sentía que predicar y hacer el trabajo ordinario era igualmente valioso cuando se desempeñaba con fe, integridad y amor. Cuando un zapatero de la comunidad de Lutero se convirtió, y empezó a seguir a Cristo, vino a Lutero y le preguntó: "¿Qué debería hacer ahora que soy cristiano?". Realmente esperaba poder dejar atrás todas sus posesiones y responsabilidades y tomar un trabajo en la iglesia.

La respuesta de Lutero tomó al hombre por sorpresa. "Haz un buen zapato —contestó simplemente Lutero—, y véndelo a un precio justo". Ese era el trabajo que Dios le

5. Lee Webb, "Why Work Matters to God," *CBN News*. http://www.cbn.com/cbnnews/us/2013/September/Labor-Day-Why-WorkMatters-to-God.

había encomendado a ese hombre en particular, y era tan valioso para el mundo como predicar o los actos de caridad. Después de todo, ¡dónde estaríamos si todos los zapateros dejaran de hacer zapatos, y se convirtieran en predicadores!

El consejo de Salomón en Eclesiastés 9:10 es muy parecido al de Lutero: "Todo lo que hagas, hazlo bien" (NTV). Una y otra vez, las Escrituras nos enseñan que nuestro trabajo *importa*. Cuando la mujer de Proverbios sostenía el huso y el hilo, no solo se comprometía con un mero trabajo; estaba haciendo algo útil, algo que sería utilizado por su casa o por los de su comunidad. Rick Warren escribió en *Una vida con propósito*: "Dios te diseñó para que hicieras una diferencia con tu vida... Fuiste creado para *añadir* vida a la tierra, no para quitársela. Dios quiere que le des algo a cambio. Este es el... propósito de Dios para tu vida".[6] Como la mujer de Proverbios 31, todas somos llamadas para trabajar con diligencia, y en el proceso, enriquecemos el mundo para los demás y le damos gloria a Dios.

El gran predicador Charles Spurgeon creía que la fe puede conducirnos a servir a Dios en nuestro "llamado diario". Escribió: "La vida nunca es más ennoblecida que cuando hacemos todas las cosas como para Dios. Esto hace menos pesado lo sublime, y conecta al siervo más pobre con el ángel más brillante. Los serafines sirven a Dios en los cielos, y tú y yo podemos servirlo en... la cocina, y ser tan aceptadas como lo son ellos... esforzándonos para ordenar todo conforme a las reglas del amor a Dios y el amor a los hombres".[7]

---

6.   Rick Warren, *Una vida con propósito* ¿Para qué estoy aquí en la tierra? (Editorial Vida, Nashville, TN, 2003).

7.   Charles Spurgeon, *The Complete Works of Charles Spurgeon*, volume 27 (Harrington, DE: Delmarva, 2013).

*Señor, que pueda recordar, mientras voy al trabajo,
que los ángeles de los cielos también trabajan
para tu gloria, y yo trabajo junto a ellos. ¡Valoras
mis pequeños esfuerzos tanto como los suyos!*

Dios va por delante

Antes de que Jesús fuera a la cruz, oró a su Padre: "Yo te he glorificado en la tierra; he acabado la obra que me diste que hiciese" (Juan 17:4 RVR1960). Necesitamos el mismo compromiso y dedicación que Jesús tenía con la obra a la que había sido llamado.

Jeremías compara a Dios con un alfarero que nos ha creado a cada uno de nosotros para un propósito específico, y nos moldea continuamente (18:4). Aquí, la insinuación es que se trata de un proceso en marcha. Dios te pide que hagas un trabajo hoy, pero puede que mañana descubras que te ha estado moldeando mientras tanto para hacer algo diferente. La pérdida de un trabajo o una carrera fracasada pueden ser un golpe para nuestra identidad misma, pero tenemos que confiar en que Dios usará estas circunstancias. Lo que parece un fracaso puede ser, de hecho, el campo de entrenamiento para un nuevo trabajo que Él desea que logres.

Como humanos, vivimos en el tiempo, y somos incapaces de ver el futuro. La buena noticia es que Dios siempre va por delante de nosotras (Isaías 52:12; Salmos 139:5). No debemos temer a las manos del alfarero que está moldeando nuestras vidas, porque el cuidado de Dios es continuo.

Confiadas en ese conocimiento, no tenemos por qué comparar nuestro trabajo con el de los demás ni intentar competir; dudo que la mujer de Proverbios 31 se preocupara de la rapidez o la habilidad con la que sus hermanas pudieran utilizar el huso o el hilo en comparación con ella; se centraba en su propio trabajo. Pablo escribió a los gálatas: "Presta mucha atención a tu propio trabajo, porque entonces obtendrás la satisfacción de haber hecho bien tu labor y no tendrás que compararte con nadie" (6:4 NTV).

No te preocupes ni te sientas inferior cuando tus compañeros de trabajo obtengan un ascenso y tú no. No sientas que no eres tan eficiente como tu vecina si su casa está más ordenada que la tuya. En su lugar, ten el deseo de ser el barro en las manos de Dios, y confía en que Él está obrando a través de tu trabajo, y te conduce a nuevas oportunidades, incluso en medio de lo que te pueda parecer un fracaso.

Encomienda tu trabajo a Dios cada día. Haz lo que esté en tu mano, lo que es necesario hacer, y busca su dirección para el futuro. Dios nunca deja de abrirnos nuevas puertas, como lo hizo para el apóstol Pablo (1 Corintios 16:9: 2 Corintios 2:12; Colosenses 4:3). Tiene un propósito en marcha para nuestras vidas.

Viktor Frankl escribió: "Cada persona tiene su propia vocación o misión en la vida; cada persona debe llevar a cabo una tarea que requiere ser cumplida. En esto no se puede ser reemplazado, ni su vida puede ser repetida, por lo tanto, la tarea de cada uno es única como su oportunidad específica para llevarla a cabo".[8] Dios te está moldeando ahora mismo para las oportunidades determinadas que tienes por delante.

Señor, usa el trabajo de hoy para prepararme para el servicio a ti de mañana.

---

8.   Victor Frankl, *El hombre en busca de sentido* (Herder Editorial; 3ª ed., 2015).

Un regalo que hay que recibir

Independientemente de lo que la mujer de Proverbios estuviera haciendo, ¡y hacía mucho!, parecía que siempre tenía un sentido de la vocación global. La palabra *vocación* proviene del latín "voz". La vocación es esa voz tranquila y pequeña que nos llama de innumerables formas diferentes. El único modo de seguirla es escucharla primero.

A menudo pensamos que nuestros trabajos tan solo consisten en conseguir objetivos, y tal vez pensamos que la vocación es algo que se logra. Pensamos en ella como una voz que nos llama desde el mundo que nos rodea, y nos pide que vayamos más lejos, que lo hagamos mejor, que consigamos más.

Sin embargo, una vocación es, en realidad, un regalo que se recibe de las manos de Dios. Escondido dentro de este regalo hallamos un entendimiento más profundo de nuestras identidades, de los individuos que Dios pretendió que fuéramos cuando nos creó. La voz que nos está llamando se convierte en la de Dios, que nos habla desde dentro de nuestros corazones.

Aceptar nuestras vocaciones como regalos no aleja la necesidad de esforzarnos. Sin embargo, significa que es necesario que dejemos de trabajar tan duro para ser quienes no debemos ser. Una vieja historia judía habla sobre el Rabí Zusya, quien comentó: "Cuando me muera, Dios no me preguntará: 'Por qué no fuiste Moisés?'. Me preguntará: '¿Por qué no fuiste Zusya?'".

Cuando respondamos a la pregunta "¿Quién soy yo?" con la mayor sinceridad posible estaremos más auténticamente conectadas a la comunidad que nos rodea, y serviremos con mayor fidelidad a las personas cuyas vidas tocamos.

Finalmente, el regalo de nosotras mismas es el único que tenemos que dar.

A veces, todas nos las arreglamos para perder la noción de nuestro verdadero ser. Nos encontramos atrapadas en el trabajo, y parecemos reprimir nuestra creatividad. No solo nos sentimos aburridas en el trabajo, sino también profundamente infelices. Anhelamos hacer algo diferente.

Cuando esto sucede, deberíamos escuchar lo que nos dice nuestro corazón. Sin embargo, no siempre prestamos atención a nuestros sentimientos e intuiciones. A menudo los tratamos con desconfianza y no con respeto. Pero Dios puede usar nuestras reacciones emocionales para guiarnos en el trabajo que quiere para nosotras, el trabajo en el que podamos florecer y crecer para ser las personas auténticas que hemos sido llamadas a ser.

El autor cuáquero, Douglas Steere, escribió que la pregunta que deberíamos hacernos tarde o temprano "¿Quién soy?" siempre nos dirigirá hacia la pregunta igualmente importante: "¿De quién soy?". Separadas de nuestra relación con Dios no podemos descubrir nuestro verdadero ser.

Señor, ayúdame a descubrir mi verdadero ser
mientras hago el trabajo para el que he sido
llamada, y haz que pueda entregarme de una
forma más completa a ti al realizar ese trabajo.

¿Otras posibilidades?

¿Crees que la mujer de Proverbios 31 se sintió alguna vez inquieta mientras sostenía el huso? ¿Soñaría despierta con otras posibilidades mientras retorcía el hilo una y otra vez? ¿Se preguntaría si había nuevas habilidades que pudiera aprender, oportunidades nuevas que perseguir? ¿Se preguntaría si el significado de su vocación podría estar cambiando?

Si te sientes intranquila con tu trabajo, te propongo a continuación algunas cosas que tener en mente:

- Ahora mismo, ocúpate de tu trabajo actual. Confía en que Dios te está moldeando poco a poco para el futuro. Mientras tanto, lo que haces hoy importa para su reino.
- Cuando las oportunidades extrañas e inesperadas aparecen de repente, no digas que no de forma automática, porque nunca hayas hecho algo similar. Recuerda que las oportunidades son momentos de posibilidad creativa, y Dios puede usarlas para abrir nuevas puertas en tu vida.
- No intentes seguir el sueño de otro. Tus padres esperaban quizás que fueses abogada. Puede ser que tu mejor amiga fuera positiva y opinara que serías una profesora perfecta. Tu actual supervisor puede estar preparándote para otro puesto en la compañía. No permitas que nada de esto ahogue la pequeña voz dentro de ti que te puede estar llamando a un camino diferente. Recuerda que Dios nos habla a

menudo a través de los deseos más profundos y verdaderos de nuestro corazón.

☞ Fíjate en las cosas que se te dan bien. Haz una lista de los talentos que posees y que no has tenido la oportunidad de poner en práctica en tu trabajo actual. Ábrete a las nuevas oportunidades que te permitirán explorar esos puntos fuertes.

☞ No te preocupes por ser "la mejor"; no lleves la cuenta. El verdadero deseo de tu corazón nunca te insistirá en ganar la competición, sino que te conducirá a tu misión única.

☞ Ten el deseo de cambiar de rumbo. Quizás hayas gastado mucho tiempo y dinero en educarte para una carrera determinada, y finalmente descubras que te sientes dirigida hacia algo completamente diferente. Confía en Dios. Tal vez quiera usar tu educación y tu entrenamiento de maneras que nunca hubieras pensado.

☞ Lo más importante: descansa en el amor de Dios. Ten por seguro que siempre te guiará exactamente hacia el momento correcto, ¡y lo más probable es que no sea un momento cercano!

Amado Dios, dirígeme hacia el próximo trabajo que tú quieres que haga. Confío en tu amor y en tu dirección.

Instrumentos de oración y servicio

El autor Paul Bosch escribió: "Cualquier cosa que hagas de forma repetida tiene el poder de moldearte, de transformarte en una persona diferente, aunque no estés totalmente 'comprometida' cada minuto". Hilar con la rueca y el huso podría considerarse un tipo de trabajo poco interesante. Mientras las manos de la mujer de Proverbios 31 estaban ocupadas, su mente estaba libre para vagar. Y, sin embargo, el trabajo repetitivo de sus manos la estaban moldeando al mismo tiempo, quizás hasta de maneras que a ella le pasaran inadvertidas. La disciplina y la estructura de esta labor manual creaba un espacio para que su mente creciera y se ampliara, para que su espíritu se refrescara, y para retar a su imaginación. Ahuecaba un lugar en el que podía encontrarse con Dios.

Nosotras también podemos descubrir que nuestras tareas manuales diarias nos moldean de formas positivas, conforme nos dejamos ser cambiadas y moldeadas por sus patrones. Podemos oír la voz de Dios en medio de la colada o de la preparación de la comida. Nos percatamos de que el amor está trazando su camino en nosotras. Descubrimos que poco a poco se nos está transformando en la persona que Él siempre pretendió que fuésemos.

El hermano Lawrence, autor de *La práctica de la presencia de Dios*, hizo este mismo descubrimiento. Escribió:

Oh, Dios mío, puesto que tú estás conmigo, y porque ahora debo, en obediencia a tus mandamientos, aplicar mi mente a estas cosas externas, te suplico que me concedas la gracia para continuar en tu presencia, y para este propósito bendíceme con tu asistencia, recibe todos mis trabajos, y posee todos mis afectos".[9]

En otra ocasión, el hermano Lawrence también escribió: "No debemos cansarnos de hacer pequeñas cosas por el amor de Dios, quien no se preocupa de la grandeza de la obra, sino del amor con el que se realiza".

El trabajo es una parte esencial e importante de la vida humana. Algunos trabajos nos dan la oportunidad de expresar nuestra creatividad. Todo trabajo puede ser un instrumento de oración y servicio para Dios, así como de amor por nuestras familias o comunidades. El trabajo nos ayuda a descubrir quiénes pretendió Dios que fuéramos cuando nos creó. Pero, en última instancia, nuestro trabajo no nos define. Nuestras almas son mayores que los trabajos que desempeñamos. El trabajo de la mujer de Proverbios 31 era vital y vivificante, pero su personalidad desprendía más que todos aquellos viñedos, husos y campos. Ella era más grande y más profunda que sus muchos logros.

De modo que, al emprender nuestro trabajo diario —tanto las tareas que parecen absurdas como las que a nosotras nos parecen tan grandes e importantes, nos entregamos a su repetición; nos rendimos a la estructura y las exigencias que la vida nos pone, y dentro de ese marco encontramos una forma de servir a Dios. Al mismo tiempo, sabemos que no se nos ama *a causa* de nuestro trabajo. Es una expresión de nuestro amor por Dios, pero el suyo fluye hacia nosotras en el latido de nuestros corazones, en cada respiración. Nos ama, sencillamente, porque *somos*.

---

9.   Ellyn Sanna, Hermano Lorenzo, *La práctica de la presencia de Dios* (Editorial Vida, Nashville, TN, 2006).

Querido Dios, te pido que uses mi trabajo para moldearme. Ven a mí mientras mis manos están ocupadas con las mismas tareas que han hecho tantas veces. Gracias, porque cuando ya no pueda trabajar, me seguirás amando tanto como siempre. Aunque ya no pueda pensar y orar de la forma en la que lo hago ahora, o si solo puedo sentarme en una mecedora y tener la mirada perdida, tu amor será el mismo. Tu amor continuará viniendo a mí incluso entonces.

PARTE X

Tiende la mano al pobre,
y con ella sostiene al necesitado.
—Versículo 20 NVI

Extender la mano

Nuestra mujer de Proverbios 31 no solo se centra en lo que concierne a su propia casa y sus negocios; también se acerca a los necesitados de la comunidad. Es un ejemplo perfecto de alguien que utiliza su riqueza como se pretendía que lo hiciera, una corriente que fluye libremente tanto dentro como fuera, con el mismo movimiento sano de la respiración y la sangre del cuerpo.

El apóstol Pablo expresó, con una metáfora diferente, este libre fluir de recursos dentro de nuestras vidas y, de nuevo, hacia afuera a los demás. Escribió: "Recuerden esto: El que siembra escasamente, escasamente cosechará, y el que siembra en abundancia, en abundancia cosechará" (2 Corintios 9:6 NVI).

La gracia y provisión de Dios fluyen a través de una red de relaciones. El egoísmo es como una placa que obstruye las arterias en esta circulación. Si no permitimos que sus bendiciones fluyan libremente hacia los demás, a través de nosotras, tampoco podremos seguir recibiéndolas.

No siempre es fácil abrir nuestro corazón, y extender nuestra mano a los demás. Nuestro impulso natural es guardar las cosas para nosotras, y para nuestros más allegados. Después de vivir en un mundo de "primero yo", esta perspectiva parece tener sentido. Sentimos que entregar nuestros recursos podría poner en riesgo nuestro propio hogar.

Pero Pablo prosigue en 2 Corintios: "Cada uno debe dar según lo que haya decidido en su corazón, no de mala gana ni por obligación, porque Dios ama al que da con alegría. Y Dios puede hacer que toda gracia abunde para ustedes, de manera que siempre, en toda circunstancia, tengan todo lo necesario, y toda buena obra abunde en ustedes" (9:7-8 NVI).

Intentamos poner límites alrededor de esta demanda divina en nuestra riqueza. "Dios espera que seamos razonables —nos decimos—. No podemos regalarlo todo, ¿verdad?".

Sin embargo, del mismo modo que no debemos poner límites en nuestro amor por nuestros maridos, tampoco podemos limitar el amor que mostramos a los demás. El amor de Cristo lo hizo completamente vulnerable, hasta el punto de dar todo lo que tenía, incluso su vida; y estamos llamadas a seguirlo, a vivir como él vivió, a amar como él amó.

Cuando tenemos miedo de dar más allá de lo que nos resulta cómodo, no estamos confiando en la generosidad de Dios para proveer según nuestras necesidades. Damos por sentado que estamos viviendo en un mundo en el que sencillamente no hay suficientes recursos para todos, y queremos sujetarnos al trozo que hemos reclamado para nuestro montón. Pero la realidad es esta: vivimos en un mundo que es rico con las bendiciones de Dios. Esas bendiciones se presentan de muchas formas; unas veces pueden llegarnos como riqueza monetaria, pero en otras ocasiones Dios nos mostrará su abundancia infinita de otras maneras.

Mientras pongamos nuestra confianza tan solo en nuestras propias aptitudes —por increíbles que puedan ser—, la gracia de Dios sigue siendo algo que nunca hemos experimentado de verdad. Pero en cuanto empezamos a dar con un corazón que se ha abierto de par en par, más allá de la línea de lo que es seguro, la gracia de Dios cobra vida en nuestro vivir. No tenemos por qué temer a que nos pueda faltar a nosotras, pues formamos parte de un cuerpo en el que la circulación es sana. Cuando permitimos que la vida fluya desde nosotras a los demás, podemos estar seguras de que fluirá en nosotras, y sustituirá aquello que hayamos dado. "De su plenitud todos hemos recibido gracia sobre gracia" (Juan 1:16 NVI).

Generoso Señor, gracias por todo lo que me has dado. Haz que nunca obstruya el fluir de tu amor. Hazme una arteria sana en tu cuerpo. Úsame para llevar amor y bendiciones a los demás.

Esfuerzos multiplicados

La mujer de Proverbios 31 confiaba en la capacidad de Dios para multiplicar sus esfuerzos. Podía dar libremente, sin sensación alguna de pérdida. Sabía que siempre habría suficiente para todos. Nosotras también podemos tener esta misma confianza. Es más, tenemos el beneficio de algo que nuestra mujer no tuvo: tenemos el ejemplo de Jesús. Tenemos las historias contadas en los Evangelios sobre su vida para mostrarnos lo tangible que puede ser la abundancia de Dios.

Piensa en el día en que Jesús alimentó a los cinco mil, en la ladera de la colina. Los discípulos y la multitud que estaba reunida alrededor de ellos debieron de pensar que Jesús se había vuelto loco cuando comenzó a partir en pedazos los pequeños panes y los peces. ¿Cómo podía una cantidad tan minúscula de comida hacerles algún bien? Pero sucedió algo asombroso. Conforme Jesús y los discípulos repartían el pan y los peces, había en abundancia para cada miembro de aquellas cinco mil familias. Jesús no les dio un simple aperitivo, algo para apañarlos antes de que pudieran irse a casa y comer algo mejor. No, todo el mundo comió hasta saciarse. Y después, los discípulos recogieron los restos.

Pero este milagro no hubiera sucedido si un pequeño niño no hubiera tenido la voluntad de compartir lo poco que tenía. Nosotras también estamos llamadas a compartir, pero no siempre tenemos la buena voluntad de aquel niño. El problema es que no parecemos tener nunca bastante de nada para nosotras.

Independientemente de cuáles sean nuestras circunstancias económicas, lo grandes o pequeños que sean nuestros sueldos, todas nos preocupamos por el dinero. Y el dinero no es lo único de lo que carecemos. También nos lamentamos de nuestra escasa provisión de energía... de paciencia... de creatividad... de espacio de vida. Lo más importante es que ninguna de nosotras tiene tiempo suficiente. Percibimos que nuestra vida está llena de carencia y necesidad, así que cuando nos piden que compartamos con los demás, a menudo nos agarramos con fuerza a lo poco que tenemos. Después de todo, en realidad nos sentimos extremadamente pobres. ¿Cómo podemos compartir cuando nuestras propias manos están tan vacías?

Pero Jesús no nos pide que compartamos solo aquellas cosas de las que disponemos en abundancia, sino que nos pide que tomemos aquello que *tenemos*, sin importar lo poco y limitado que sea, y lo depositemos en sus manos. El sentido común nos puede indicar que no habrá suficiente para todos, pero eso no importa; Jesús multiplicará nuestros exiguos "pedacitos" de dinero (tiempo, energía y talento). Se preocupará de que haya suficiente para todos —incluidas nosotras mismas—, y hasta que sobre.

Lo único que tenemos que hacer es ofrecer nuestro corazón y nuestra vida a Cristo. No importa si lo que tenemos es perfecto o abundante; lo que importa es que se lo entreguemos. Nos sorprenderemos de la abundancia de la gracia de Dios, como le ocurrió al pequeño que le entregó a Jesús su pan y sus peces.

Jesús, ayúdame a tener la fuerza de dar todo lo que tengo. Parece tan poco, tan insignificante. No me parece que sea suficiente ni para mí, así que ¿cómo podría bastar para hacer algún bien al mundo? De cualquier modo, lo pongo en tus manos. Multiplícalo para tu gloria. Úsalo para alimentar al mundo.

Sincera con Dios

No deberíamos mortificarnos si no nos nace con facilidad el dar. El dolor de aprender a dar es bueno para nuestras almas. Dios nos enseña a través de ello, y aprendemos más de nuestra propia naturaleza, así como de la de Dios.

Como con todo lo demás que hacemos, el dar suele resultar más fácil con la práctica. Cada vez que vemos que Dios se preocupa verdaderamente de nosotros, ganamos más confianza en su providencia. Somos capaces de dar más confiadamente. Pero esa confianza, basada en la experiencia pasada, significa que nuestro acto de dar puede no significar tanto como lo hace al principio, cuando este acto solo nos demanda dejarnos llevar y confiar ciegamente, sin saber ciertamente lo que ocurrirá. No tenemos que fingir que no es duro. Podemos ser sinceras con Dios y con nosotras mismas, respecto a nuestros temores. A veces, expresar nuestros sentimientos orando en voz alta nos puede ayudar. Incluso podríamos escribirlos en una carta a nuestro Señor.

Aquí tienes una carta que escribí en una ocasión en la que sentí que Dios me estaba pidiendo más de mí de lo que yo sabía dar:

Amado Señor:

Me pides que te lo entregue todo. Pero tengo tan poco que ofrecer.

Siempre he puesto mi confianza en mis propias habilidades y capacidades. Ahora he llegado al final de mis fuerzas. Mi talento y mi determinación me han decepcionado; estoy exhausta y desanimada. Ya no tengo energía para seguir intentándolo.

No tengo mucho que dar ahora mismo, Señor. Todo cuanto puedo darte hoy es mi cansancio, mi pérdida de fe, mis fracasos. No parecen regalos apropiados para el Creador del universo.

Sin embargo, me he estado aferrando con fuerza a estas lastimosas posesiones. Ahora te las entrego. No puedo imaginar qué bien harán, pero si pudiste alimentar a cinco mil con una comida tan escasa, confío en que incluso usarás los fragmentos de mi vida rota.

Ahora esperaré tu gracia, Señor. Sorpréndeme.

Después de escribir esta nota, sentí el silencio de Dios, una respuesta silenciosa en mi corazón. Si pudiera haberlo puesto en palabras, hubiera sido algo así:

Mi hija querida, tu corazón late con mi amor: ábrelo a los demás. Ten la voluntad de dejar que se rompa para que no quede nada que detenga el fluir de mi vida a través de ti.

Te he confiado dones y talentos; úsalos ahora para mí. Tengo planes para ellos. Bendecirán ricamente a otros.

No tengas miedo, querida hija. Iré contigo, y por delante de ti, en cada paso del camino. Ten valor. Camina en lo desconocido. Soy suficientemente grande para manejar cualquier cosa que suceda.

Señor, sabes lo duro que es para mí entregar lo poco que tengo. Dame la fuerza para soltarlo, y confiar en ti.

Vestida de compasión

Pablo escribió en su carta a los colosenses: "Por lo tanto, como escogidos de Dios, santos y amados, revístanse de afecto entrañable y de bondad, humildad, amabilidad y paciencia" (3:12 NVI). La mujer de Proverbios 31 es un buen modelo de alguien vestida de compasión y amabilidad.

Compasión y piedad no son la misma cosa. La piedad es un mero sentimiento, pero la compasión requiere acción. El diccionario Merriam-Webster define compasión como "conciencia comprensiva de la aflicción de los demás, así como el deseo de aliviarla". Dios nos da el ejemplo perfecto de compasión, pues envió a su Hijo, una parte de sí mismo, a morir por nosotros (Juan 3:16). Y ahora desea vestirnos de la misma compasión.

Las palabras griegas en Colosenses 3:12 significan, literalmente: "Que tu corazón (tus emociones, el centro interno de tu ser), se convierta en un vestido de amor". No importa lo que nos indiquen nuestras emociones (no importa cuánto egoísmo, miedo, o resentimiento *sintamos* por dentro), es necesario que nos levantemos cada mañana, de forma persistente, y que envolvamos fuertemente, alrededor de nuestros corazones, estas nuevas prendas. Tarde o temprano podemos llegar a ponérnoslas de forma automática como si fuera la ropa interior; pero al principio requerirá esfuerzo y disciplina.

Quizás ya tengamos corazones tiernos. Es posible que nos duela ver el sufrimiento. Puede que nos estremezcamos cuando contemplamos en la televisión las caras de los que están hambrientos y sufren dolor. Pero nuestros corazones tiernos harán poco bien a esas personas si no emprendemos acción. A menudo sentimos que estamos demasiado lejos o que somos demasiado impotentes para ayudar. Los problemas del mundo parecen abrumarnos.

Pero nadie nos pide que solucionemos los problemas del mundo entero; tan solo se nos pide que hagamos nuestra pequeña parte.

Es necesario que echemos una mirada penetrante y objetiva a nuestras vidas. ¿De verdad estamos vestidas de la compasión del amor de Dios? ¿Nos damos cuenta de la necesidad de nuestras propias comunidades? ¿Estamos alcanzando en amor a todo aquel con quien entramos en contacto? ¿Estamos considerando en oración y pensamiento cómo deberían usarse nuestros recursos económicos, de tiempo y talento, para ayudar a los demás?

La oración es el primer paso cuando comenzamos a llevar la vestidura de Dios. A través de la oración podemos llegar al mundo con el poder celestial. La oración transciende el tiempo y el espacio. Puede llegar desde nuestros corazones a los niños hambrientos de África, a las mujeres sin techo de las calles de la ciudad y a un hombre que muere de SIDA en India.

Vísteme de tu compasión, amado Señor.
Usa mis manos, mi dinero, mi corazón para
bendecir a los que están en necesidad.

Reconstruir muros

La compasión comienza por la oración, pero no termina ahí. La mujer de Proverbios 31 llegaba de forma práctica y concreta a todos los que estaban en necesidad. "Orar para marcar la diferencia es una oración generosa —escribió John Hull— (y). con toda probabilidad, nos costará algo. Posiblemente nos resultará incómodo, y nos llevará a lugares (espiritual y geográficamente) a los que no nos atreveríamos, a menos que Dios lo pusiera en nuestro corazón... Orar para marcar la diferencia en este mundo significa aprender a dejar atrás nuestros problemas y a nosotras mismas, y perseguir un propósito mayor".[10]

A menudo preferiríamos cambiar el canal de televisión cuando aparecen en nuestras pantallas algunas escenas de sufrimiento lejano. Nos sentimos impotentes para ayudar así que preferimos incluso no pensar en ello. Preferimos fingir que no existió. Sin embargo, en el Antiguo Testamento, Nehemías nos da el ejemplo de un hombre de oración, generoso, que tuvo el valor de mirar más allá de los límites de su propia existencia inmediata. No enterró su cabeza en la arena para no enfrentarse al hecho de que las personas lejanas estaban sufriendo.

Nehemías era un judío que vivía en Persia, donde servía al rey de aquella tierra. Jerusalén estaba muy lejos, pero cuando el hermano de Nehemías regresó de la tierra de Judá, Nehemías le preguntó por las nuevas de judíos en Jerusalén. Descubrió que la gente allí estaba en una situación desesperada. El muro de Jerusalén estaba

---

10. John Hull, *Pivotal Praying: Connecting to God in Times of Great Need* (Nashville: Thomas Nelson, 2002).

destruido, viviendo los judíos indefensos contra sus enemigos (Nehemías 1:1-3).

Tan pronto como escuchó acerca de la situación, la emoción sobrecogió a Nehemías. Su simpatía por el pueblo de Jerusalén era tan grande que sintió como si su dolor fuese el suyo propio. Se sentó y comenzó a llorar. Nosotras, también, podríamos haber llegado a este punto si hubiésemos oído acerca de la gente que estaba sufriendo lejos, pero después de llorar, probablemente nos hubiésemos secado los ojos, hubiéramos sacado de nuestra mente el asunto, y regresado a nuestras propias vidas. Sin embargo, Nehemías dio otro paso; la Biblia dice que ayunó y oró (Nehemías 1:4-11). Entregó su corazón a esta situación, y no dejó ni desistió, aun siendo poco lo que podía hacer por ahora.

Puede que la oración de Nehemías no hubiera cambiado la situación en Jerusalén; no aún. Pero cambió a Nehemías, de formas probablemente dolorosas. Cuando acudió al rey con sus funciones, este se percató de la tristeza en su rostro. Nehemías ya se había forjado una reputación de integridad y trabajo duro, y el rey confiaba en él y le gustaba, así que le preguntó a Nehemías qué era lo que le afligía.

Ahora Nehemías tenía una oportunidad de hacer algo más que orar. Le dijo a otra persona lo que estaba sucediendo en Jerusalén. Y a partir de entonces, emprendió una acción aún mayor. Pidió permiso para regresar a Jerusalén y hacer cualquier cosa que pudiese para ayudar a la ciudad a reconstruir su muro. Probablemente Jerusalén tenía muchos problemas, pero Nehemías no intentó enfrentarse a todos ellos. en cambio, se centró en un problema específico en el que sentía que podía marcar la diferencia. Y entonces dependió de la ayuda de Dios para el resultado. "El Dios del cielo nos concederá salir adelante" dijo a la gente que era escéptica con lo que estaba haciendo (Nehemías 2:20 NVI).

¿Qué muros podemos ayudar a reconstruir?

Amado Dios, muéstrame los lugares en los que puedo marcar la diferencia. Dirígeme a situaciones específicas en las que necesitas que abra mi corazón y mis manos.

Una naturaleza recíproca

Dios prometió a Abraham en Génesis: "Te bendeciré... y serás una bendición para otros" (12:2 NTV). Aquí vemos, una vez más la naturaleza recíproca de la bendición. Fluye en nosotras, a través de nosotras, y desde nosotras. Ahora debemos modelar nuestro corazón como el de Abraham, quien "por la fe... siendo llamado, obedeció para salir al lugar que había de recibir como herencia" (Hebreos 11:8 RVR1960). Esta es la fe que tenía la mujer de Proverbios 3, totalmente rendida, y es la fe que se nos pide a nosotras también.

Sin embargo, la duda es una parte normal de la naturaleza humana. Cuando se enviaron algunos espías a la Tierra Prometida, regresaron informando que sería en vano ir allí. No obstante, Caleb y Josué estaban comprometidos con la fe a un nivel que les permitía decir con seguridad: "Si el Señor se agrada de nosotros, él nos llevará a salvo a esa tierra y nos la entregará. Es una tierra fértil, donde fluyen la leche y la miel" (Números 14:8 NTV). Tendemos a limitar lo que Dios puede hacer. Sin embargo, incluso las cosas que pensamos que queremos realmente, el mejor resultado posible que imaginemos en nuestra mente, limita lo que Dios anhela hacer por nosotros. Dios quiere encontrarse con nuestras necesidades más allá de nuestras expectativas más salvajes. "Probadme ahora en esto, dice Jehová de los ejércitos, si no os abriré las ventanas de los cielos, y derramaré sobre vosotros bendición hasta que sobreabunde" (Malaquías 3:10 RVR1960).

Esta no es una clase de fe egoísta, de "yo primero" o de Ley de la Atracción, sino la creencia de que todo el cuerpo de Cristo sufrirá si no todos sus miembros están sanos y alimentados, y eso nos incluye a nosotras. Seremos bendecidas, y entonces seremos capaces de bendecir a los demás. ¡Esta es la forma en la que trabaja este cuerpo! Como dice 1 Pedro 3:9: "Bendecid, pues habéis sido llamados a heredar una bendición" (BLP).

No necesitamos creer en una mente que mira hacia el mundo y solo ve escasez. Si pasamos tiempo, diariamente, reajustando nuestro pensamiento para alinearlo a la mente de Cristo, hasta que la incredulidad y el desaliento se vayan de nosotras, seremos capaces de deleitarnos en ser parte de un cuerpo sano en que las bendiciones fluyen libremente. Dios está deseando "cada día *colmarnos* de beneficios" (Salmos 68:19 RVR 1960).

Señor, hazme ser una bendición para los demás
hoy. Me has dado tanto. Que tu abundante
gracia fluya a través de mí y llegue al mundo.

La espera

A veces estamos tan centradas en las bendiciones que *no* tenemos aún, que es muy difícil estar agradecida por las bendiciones que ya tenemos. Como los niños, odiamos esperar. Nos impacientamos, y olvidamos que Dios ve desde una perspectiva extemporánea. Él sabe que planea darnos todo lo que necesitamos en el momento oportuno. Mientras esperamos su tiempo, necesitamos cultivar un corazón agradecido, tanto para las cosas que tenemos como para las que seguimos esperando.

En el Antiguo Testamento, el Señor le ordenó a Israel que contaran su cosecha, y que comenzaran el día después del Sabbat, durante la Pascua (Levítico 23:15). Durante casi dos mil años, el pueblo judío no tuvo un hogar ni cosecha que contar, y aun así continuaron obedeciendo este mandamiento del Antiguo Testamento. Contaron una cosecha que, desde la perspectiva del mundo, sencillamente no existía. Podríamos sentirnos tontas al hacer algo así, pero ellos la contaron como acto de fe, una demostración visible de su fe en Dios.

En el Nuevo Testamento se nos indica que la fe es la convicción de las cosas que no se ven. Esto significa que podemos comenzar a dar gracias por las bendiciones que aún no hemos recibido. Como el pueblo judío, podemos contar una cosecha que aún no ha llegado. Se trate de dirección para saber cuál es la elección correcta en nuestras vidas, para sanar una relación herida o una relación de amor enferma, o la respuesta a un problema doloroso, podemos estar agradecidas por la bendición que espera ser revelada. No sabemos *cómo* nos bendecirá Dios, pero sabemos que lo *hará*. Lo único que debemos hacer es ser pacientes, y esperar a ver las bendiciones inesperadas que Él derramará sobre nuestras vidas.

Sin embargo, cuando solo tenemos en mente una única forma en la que poder responder nuestras oraciones, estamos limitando a Dios. Nuestras percepciones humanas eligen la que parece ser claramente la mejor solución posible para la situación (la salud de nuestra amiga necesita ser sanada, nuestro esposo necesita un ascenso, nuestros hijos necesitan tener amigos que nos gusten), que tal vez no nos demos cuenta de lo que Dios está haciendo en realidad. Al enfocar nuestras mentes en nuestros escenarios imaginarios, perdemos la abundancia que está llegando a nuestro alrededor.

Es difícil creer en la abundancia cuando nos enfrentamos al verdadero dolor de la muerte, de la pérdida de un trabajo, o al temor por el bienestar de nuestros hijos. Y, aun así, en estas situaciones Dios está desplegando capas de generosidad que quizás no veamos hasta años (o toda una vida) después. Esto no significa que su abundancia no sea real. Después de todo, el sol brilla con tanto fulgor incluso cuando las nubes lo escondan de nuestra vista.

Cuando las nubes nos ocultan la abundancia de Dios, lo mejor que podemos hacer es orar. "No se preocupen por nada", dijo Pablo a los filipenses, "en cambio, oren por todo" (4:6 NTV).

Señor, dame la fuerza para esperar tu tiempo. Ayúdame a no poner límites a lo que estás haciendo en mi vida. Enséñame a dejar ir mis propias ideas sobre aquello que es mejor y a confiar sencillamente.

Un compromiso

Si queremos ser como la mujer de Proverbios 31, nos comprometeremos a abrir nuestros corazones a los demás (el primer paso emocional que nos conducirá a la oración), y entonces tenderemos la mano (tomar acción). Este compromiso podría ser algo así:

> En primer lugar, hoy abriré mi corazón con agradecimiento por todo lo que Dios me ha dado. Retiraré mi atención de mi riqueza económica para poder ver todas las demás riquezas que Dios me está dando. Apreciaré a mi familia y amigos de una forma nueva. Me percataré de la belleza del mundo natural; apreciaré el calor del sol, el verdor de las hojas, el canto de los pájaros, el alimento de la lluvia. Me abriré para recibir el amor de los demás, aunque me llegue de la forma más insignificante (en la sonrisa de un extraño, en el apretón de la mano de mi esposo, el torcido autorretrato de mi hijo, en el cumplido de una amiga).
>
> A continuación, prometo llevar el regalo de mí misma a todo aquel con el que me reúna. Hoy, todo lo que haga, esté donde esté, daré algo a aquellos con los que me encuentre, aunque sea tan solo una sonrisa, una oración, un pequeño favor o un cumplido. Abriré mi corazón a los demás para que el amor de Dios pueda fluir de mí hacia el mundo. Cuando vea oportunidades concretas en las que pueda tomar acción, lo haré, incluso si no es conveniente o si parece poco práctico. No guardaré mi tiempo, mi dinero, mi atención ni mis talentos. En cambio, los dejaré funcionar como Dios pretende que haga, como parte de sangre vivificadora que fluye a través del cuerpo de Cristo.

La Madre Teresa, otra mujer fuerte que abrió su corazón y tendió su mano, dijo: "Permitámonos algo: encontrarnos unos a otros con una sonrisa cuando es difícil sonreír. Sonríeles a los demás, saca tiempo para ellos". Puede que nunca sepamos lo que algo tan pequeño como una sonrisa puede significar para otra alma. (Aún recuerdo la sonrisa de un día, hace más de treinta años, cuando mi corazón estaba triste y herido; provenía de un hombre al que apenas conocía, y abrió un espacio en mi corazón en el que el amor de Dios pudo fluir y comenzar a sanarme). Steve Marboli, autor de *Life, the Truth, and Being Free*, escribió: "Entrégate por completo a aquellos que te rodean. Sé generoso con tus bendiciones. Un gesto amable puede alcanzar a un herido que solo la compasión puede sanar".

Señor, te pido que me llenes de compasión. Que
pueda ser una corriente sanadora que fluya
desde tu corazón al mío, y a los corazones de
las personas con las que me encuentre.

Pensamiento enfocado

Mientras meditamos en el significado de Proverbios 31, aquí tenemos algunas citas de otros pensadores que pueden ayudarnos a enfocar nuestro pensamiento, a la vez que fortalecen nuestra fe. Cada una es como un regalo que crece y crece con nosotras, e invierte tiempo para desenvolverlo por completo.

No es cuestión de cuánto damos,
sino de cuánto amor ponemos al darlo.
MADRE TERESA

Nadie que alivia la carga de otro es
inservible en este mundo.
CHARLES DICKENS

Hacemos una vida con lo que conseguimos. Hacemos
una vida mediante lo que damos.
WINSTON CHURCHILL

La felicidad no es el resultado de lo que conseguimos,
sino de aquello que damos.
BEN CARSON

Debo tener la voluntad de dar todo lo necesario para
hacer el bien a los demás. Esto requiere que anhele
dar hasta que duela; de otro modo, no existe un amor
verdadero en mí, y traigo injusticia
y no paz a quienes me rodean.
MADRE TERESA

Dormí y soñé que la vida es todo gozo.
Me desperté y vi que la vida es todo servicio.
Serví y vi que el servicio es gozo.
KAHLIL GIBRAN

Mientras trabajamos para crear luz para los demás,
alumbramos, de forma natural, nuestro camino.
MARY ANNE RADMACHER

Da abiertamente al mundo estos regalos de amor y
compasión. No te preocupes de cuánto
recibes a cambio, simplemente conoce en tu corazón que
te será recompensado.
BRIAN TRACY

Uno debe ser pobre para conocer el lujo de dar.
GEORGE ELIOT

Nadie se ha hecho pobre dando.
ANNA FRANK

Amado Dios, gracias porque tantos otros
han ido delante de mí, y han aprendido las
lecciones de dar y recibir. Haz que pueda
aprender de su sabiduría y hacerla mía.

PARTE XI

Si nieva, no tiene que preocuparse de su familia,
pues todos están bien abrigados.
—Versículo 21 nvi

Un hilo púrpura

A todas las familias les llegan momentos difíciles. No todos los días son soleados y cálidos; algunos son fríos y sombríos. Pero si somos como la mujer de Proverbios 31, no necesitamos temer. ¡Sabremos que estarán vestidos de púrpura!

Los comentarios bíblicos ofrecen varias interpretaciones de lo que el autor quería decir al referirse a la ropa púrpura. El tinte púrpura era un lujo que se utilizaba para las cortinas del Tabernáculo (Éxodo 26:1). Era el color del esplendor, el que vestían los guerreros de Israel (Nahúm 2:3), y se utilizaba para la ropa que cubría las ofrendas en el Tabernáculo (Números 4:8). Era el color de la belleza, y se empleaba para describir los labios de la amada en la canción de Salomón (4:3). Es posible que también presagiara los colores de la salvación, pues Cristo fue vestido de púrpura antes de la crucifixión (Mateo 27:28). Cualquiera que sea su simbolismo, está claro que los hijos de esta mujer estaban bien provistos. No temblarían de frío, sino que estarían fuera, y lanzarían bolas de nieve con sus abrigos rojos resplandecientes.

Pero, como madres, es posible que el bienestar de nuestros hijos sea el ámbito de nuestras vidas en el que más nos preocupamos y en el que menos confiamos. Antes de ser madre, el mundo me parecía un lugar mágicamente seguro y soleado; pero tan pronto como sostuve a mi primera hija en mis brazos, el miedo me invadió de inmediato. De repente el mundo estaba lleno de peligros en cualquier dirección que mirara. Gérmenes, violencia y accidentes amenazaban a mi hija amada, y me sentía incapaz de protegerla, aun intentando hacerlo lo mejor posible.

Y esto es lo único que podemos hacer: lo mejor. Podemos vestir a nuestros hijos con todo nuestro amor, y después debemos dejarlos en las manos de Dios. Mientras tanto, tal vez seguimos asustadas. Hay tantas cosas desconocidas en nuestras vidas; es natural sentirse atemorizada. Como el animal atrapado en los faros de la muerte inminente, es posible que nos sintamos congeladas, y miremos con desesperación hacia adelante, intentando ver el camino que aguarda antes de atrevernos a dar un paso, y los peligros de la vida se abalanzan todo el tiempo sobre nuestros preciosos hijos.

Pero Dios también puede utilizar nuestro amor por nuestros hijos para darnos valor. La palabra *valor* nace en el corazón, y una vida valiente se vive desde el corazón. Valor significa vestir a nuestros hijos con los colores brillantes de la esperanza, no con las sombras oscuras del temor. Y al vivir nuestras vidas desde el corazón, descubrimos el valor que necesitamos, entrelazado en nuestras vidas como la ropa púrpura.

Gracias Señor por amar a mis hijos incluso mucho más de lo que yo los amo. Tu amor por ellos no tiene límites, y los acompañará a lugares a los que yo nunca podré ir. Dame fuerza para enviar a mis hijos al mundo, vestidos de ropa púrpura, encomendándolos a tu cuidado eterno.

Transformado en esperanza

¿Crees que la mujer de Proverbios 31 se quedó alguna vez despierta preocupándose por sus hijos? Sospecho que sí, ¡ya que la mayoría de las madres lo hacemos!

No muchas de nosotras nos quedamos despiertas por la noche, llenas de esperanza. ¡Es mucho más probable que nos consumamos de preocupación! En lugar de imaginar todas las cosas maravillosas que Dios tiene reservadas para nuestros hijos, usamos nuestra imaginación para dibujar escenarios de fatalidad y pavor. Pensamos, *¿qué pasaría si esto o aquello sucede?* Y entonces nos encontramos desarrollando en nuestra carne cómo sería exactamente, primero de una forma y luego de otra. *¿Qué ocurriría si el mejor amigo de mi hijo influyera en él para tomar drogas? ¿Y si mi hija agarra un resfriado que acaba en neumonía? ¿Y si un auto atropella a mi adolescente?* Los peligros están en todas partes, y no son absurdos ni descabellados; pueden ser muy realistas. Pero ese "esto y aquello" que imaginamos nunca es algo maravilloso y feliz. Siempre es algo aterrador y triste, algo que llena nuestros corazones de ansiedad o temor total.

Como mujeres, la mayoría de nosotras somos propensas a meditar cosas en nuestra mente. Incluso María, la madre de Jesús, "meditaba" los acontecimientos de la vida de Jesús en su corazón (Lucas 2:19). La meditación y la reflexión no son necesariamente cosas malas. En el proceso nos pueden surgir nuevas ideas. Puede aparecer un nuevo conocimiento de Dios y de los demás. Pero esto solo sucede si hacemos del proceso algo positivo en lugar de algo negativo. Reflexionar sobre los miedos solo los hace gigantescos; meditar sobre las preocupaciones roba el optimismo y la esperanza de nuestros corazones.

La Biblia nos dice que la oración es el antídoto de la preocupación. Cuando convertimos nuestra reflexión en oración, la preocupación puede transformarse en esperanza. Pero es necesario que practiquemos, que utilicemos nuestra imaginación de forma positiva. Rick Warren escribió: "Si puedes preocuparte, puedes meditar, pues la preocupación es meditación negativa". El enfoque de nuestros pensamientos es el que hace la diferencia entre una meditación positiva y una noche en vela por la preocupación. Cuando dirigimos nuestros pensamientos a Dios y a sus promesas, nuestra perspectiva cambia. Podemos empezar a descansar en el conocimiento de saber que hemos hecho lo mejor a la hora de vestir a nuestros hijos para que se encuentren con los peligros de la vida, y el descanso depende de Dios (y de nuestros propios hijos). Adaptando el salmo 37:5 a nuestros corazones, podemos orar: "Te encomiendo a mis hijos, Señor. Los confío a tu cuidado, sabiendo que harás aquello en lo que confío. He hecho lo mejor para vestirlos de tu amor, pero tú eres quien saca de ellos la luz de la integridad y el buen juicio. Me deleito en lo que harás por ellos, sea lo que sea".

Dios Padre, cuando me atrape la preocupación, recuérdame que te entregue mis miedos a ti. Detén el ciclo inútil de los "y si", y fija mi mente en ti.

Un protector y guía

La mujer de Proverbios 31 se enfrentaba al futuro sin miedo. Conocía el nombre de Dios y se apoyaba en él, sabiendo que no la olvidaría ni a ella ni a sus hijos (Salmos 9:10).

Nuestros temores por nuestros hijos llegan de muchos tamaños, figuras y formas. Se pueden centrar en su salud, su actuación en la escuela o sus habilidades sociales. Pueden enfocarse en los retos de hoy, o pueden anticipar lo que hay por delante. (¿Cómo oraremos por el colegio? ¿Y si mi hijo se casa con la persona equivocada? ¿Y si mi hijo se aleja de Dios?). Interpretamos los altibajos normales de la vida como la mayor de las catástrofes.

El gran autor devocional Oswald Chambers escribió:

Los problemas de la vida se aferran a un hombre o una mujer y hacen difícil saber si frente a estas cosas, él o ella confía realmente en Jesucristo. La actitud de un creyente debe ser: "Las cosas se ven feas, pero creo en Él; y cuando todo esté dicho, confío en que mi creencia será justificada, y Dios se revelará como un Dios de amor y justicia". Esto no significa que no tendremos problemas, sino que nuestros problemas nunca se interpondrán entre nosotros y nuestra fe en Él. "Señor, no entiendo esto, pero estoy seguro de que habrá una explicación y, mientras tanto, lo pongo a un lado".[11]

El autor Philip Keller tenía algo parecido que decir: "Muchos de nosotros nos estremecemos, nos atemorizamos, y entramos en pánico por las tormentas de la vida.

---

11. Oswald Chambers, *Daily Thoughts for Disciples* (Uhrichsville, OH: Barbour, 2005).

Clamamos tener confianza en Cristo; pero cuando asoma sobre nosotros la primera sombra oscura, y el camino que transitamos se ve sombrío, entramos en una depresión desesperada... No debería ser así". Cuando el miedo invade nuestra alma, necesitamos volvernos a Jesús, quien ha prometido que nunca nos dejará: ni hoy, ni el próximo año, ni nunca (Mateo 28:20; Josué 1:5). Keller continuaba diciendo:

> *Para el hijo de Dios es una experiencia muy tranquilizadora y reafirmante describir que, incluso en el valle oscuro, existe una fuente de fuerza y valor que se halla en Dios... Porque me ha guiado sin miedo anteriormente, puede hacerlo una y otra vez. El miedo desaparece ante este conocimiento; la tranquilidad del corazón y la mente ocupa su lugar.*[12]

Es posible que hoy no entendamos por qué suceden ciertas cosas en las vidas de nuestros hijos; puede que nunca lo entendamos en esta vida. Pero podemos mirar atrás y ver cómo Dios ha obrado en los acontecimientos de nuestras vidas una y otra vez. Hará lo mismo con nuestros hijos. Será su protector y su guía. Podemos confiar en que él mandará a sus ángeles que protejan a nuestros hijos allá donde vayan. Llevarán a nuestros hijos en sus brazos para que sus pies no resulten heridos con las piedras de la vida (Salmos 91:11-12).

> *Señor, cuando los peligros acosen a mis hijos,*
> *recuérdame que tú nunca les olvidarás.*

---

12. Phillip Keller, *A Shepherd Looks at Psalm 23* (Grand Rapids: Zondervan, 2008).

Elige confiar

Como madres, necesitamos "fijar la mirada en Jesús, el iniciador y perfeccionador de nuestra fe... para que (nosotras) no [nos cansemos] ni [perdamos] el ánimo" (Hebreos 12-2-3 NVI). Sin embargo, en medio de nuestras ajetreadas vidas, cuando a menudo nos encontramos corriendo en piloto automático, es fácil perder nuestros ojos espirituales. Comenzamos a ver únicamente el mundo externo cotidiano, los acontecimientos mundanos de nuestras vidas, que parecen una serie de tareas y deberes encadenados sin sentido. Pasamos los días, pero nuestros ojos ya no están fijados en Jesús. Como resultado, nos cansamos y perdemos el ánimo. La ansiedad se convierte en el telón de fondo de nuestras vidas.

Confiar es una elección, y debemos tomarla cada día, incluso cada momento. No es fácil. Requiere una mayor consciencia de lo que es real. Necesitamos apagar el piloto automático, y llegar a estar verdaderamente presentes en nuestras vidas. Necesitamos practicar la conciencia del aquí y ahora, este breve momento en el que Dios está esperando encontrarse con nosotras. Cuando lo hagamos, descubriremos la diferencia entre el mero funcionamiento y *vivir*.

Vivir verdaderamente requiere gran disciplina y enfoque. Demanda un corazón comprometido a vivir consciente y deliberadamente. Es la diferencia entre escalar lenta y dolorosamente por un acantilado, ¡y volar en ala delta por el aire! Parece arriesgado dejar ir nuestro control sobre la vida, pero nos conducirá a una nueva y estimulante experiencia de lo que Dios puede hacer en nuestras vidas y en las vidas de nuestros hijos.

"Yo soy la puerta", dijo Jesús. "El que por mí entrare, será salvo; y entrará, y saldrá, y hallará pastos... Yo he venido para que tengan vida, y para que la tengan en abundancia" (Juan 10:9-10 RVR 1960). Jesús también indicó: "Yo soy el pan de vida. El que a mí viene nunca pasará hambre" (Juan 6:35 NVI), y "Yo soy la resurrección y la vida. El que cree en mí vivirá, aunque muera" (Juan 11:25 NVI).

Jesús es la puerta que conduce a una vida más rica, plena y emocionante. Es el pan que nos alimentará con vida verdadera, que puede devolvernos a la vida incluso cuando nuestros corazones se sientan muertos dentro de nosotras. Cuando lo haga, descubriremos la vida *verdadera*. Será una vida en la que nosotras, y nuestros hijos, podremos bailar de gozo, todos vestidos con los adornos púrpura del esplendor de Dios.

Amadísimo Señor, ayúdame a no contentarme con
la pesadez de los días, a no limitarme a funcionar.
Quiero entrar por la puerta de tu corazón, y que me
conduzcas a algo mejor. Elijo vivir de verdad.

Rendida

Todos los padres sufren cuando un hijo está enfermo. El evangelio de Marcos habla de un padre que trajo a su hijo ante Jesús, poseído por un demonio, y dijo: "Si puedes hacer algo, ten compasión de nosotros y ayúdanos" (Marcos 9:22 NVI). Jesús parecía sorprendido de que en la mente de aquel padre pudiera haber alguna duda de que él pudiera hacer algo, y entonces dijo Jesús: "Para el que cree, todo es posible" (Marcos 9:23 NVI). El padre dio una respuesta que muchas de nosotras hubiéramos dado también: "¡Sí creo! —exclamó de inmediato el padre del muchacho—. ¡Ayúdame en mi poca fe!" (Marcos 9:24 NVI)

La mente humana es así. En un momento descansa plácida y confiadamente en su creencia en Dios, y al momento siguiente la asaltan toda una lista de "peros" e "y sis". Esos son el tipo de pensamientos que nos mantienen despiertas por la noche. Es posible que finalmente mantengamos la mente lo suficientemente tranquila para poder dormirnos, solo para despertarnos por la mañana con otra nueva serie de dudas.

Necesitamos recordarnos a nosotras mismas que nuestros *sentimientos* de ansiedad no reflejan la verdadera realidad ni tampoco lo hacen nuestros pensamientos ansiosos y dubitativos. No necesitamos sentirnos culpables por nuestras dudas o preocupaciones. No necesitamos intentar aplastarlas de forma que parezcan más espirituales, más cristianas. En cambio, podemos identificar lo que estamos experimentando, aceptarlo; a continuación, debemos dejarlo ir sabiendo que solo es algo que vendrá y se irá de forma natural. No nos dice nada sobre lo que es verdaderamente real, y se convierte, simplemente, en una pieza más de nuestros corazones que rendimos a Dios.

Incluso los discípulos tuvieron dificultad de rendir sus miedos a Dios. Vivían diariamente con Jesús, veían las cosas asombrosas que hacía, aun así, seguían teniendo miedo. Cuando vieron a Jesús caminando hacia ellos sobre el agua, incluso pensaron que era un fantasma. Estaban aterrados. El evangelio de Mateo dice que Jesús les llamo: "¡Yo soy, no temáis!".

Cuando Pedro oyó esto, lo llamó por encima del agua: "Si eres tú, manda que yo vaya a ti sobre las aguas".

"Ven", respondió Jesús.

Pedro salió de la barca e hizo lo imposible: caminó sobre el agua. Pero entonces hizo lo que hacemos todas; comenzó a darse cuenta de la "realidad". Perdió su enfoque en Jesús, y comenzó a prestar más atención a los mensajes de los sentidos humanos, que le hacían pensar en lo que sucedía a su alrededor, en el mundo exterior. El viento azotaba su ropa; las olas se agitaban bajo sus pies. Debía de pensar, *¿Qué estoy haciendo en el mundo?*

Cuando Pedro apartó su atención de Jesús, de inmediato lo inundó la ansiedad. Se hundió en el agua y en su temor. Pero Jesús no permaneció de pie, permitiendo que se ahogara. El Señor, extendió su brazo rápidamente y atrapó a Pedro. "Oh Pedro", dijo, "¡hombre de poca fe! ¿Por qué dudaste?" (Ver Mateo 14:22-31).

El autor Matthew Henry escribió: "La fe más fuerte y el mayor valor tienen una mezcla de miedo. Aquellos que pueden decir, *Señor, creo*; deben decir, *Señor, ayuda a mi incredulidad*". Nosotras también, como madres, podemos ser sinceras con el Señor sobre nuestros miedos. Cuando amenacen con ahogarnos, podemos pedirle su ayuda. Es nuestro amigo amoroso y paciente, y nunca nos castigará por nuestras dudas.

Dios y Padre, te entrego ahora mismo mi
miedo y mis preocupaciones por mis hijos.
Recuérdame entregártelos a ti, una y otra vez,
tantas veces como necesite recordarlo.

Dios fiel

El temor forma parte de nuestra naturaleza humana. Hasta puede ser saludable. Nuestra respuesta de temor es una porción de nuestro maquillaje diseñado para protegernos de los peligros físicos. Psicólogos y científicos hablan de nuestra respuesta de lucha o huida, que es la reacción que el temor tiene sobre nuestro cuerpo. El temor acelera nuestro corazón y nuestros pulmones hacen un mayor esfuerzo. Nos dilata las pupilas para que podamos ver mejor y envía sangre adicional a nuestros músculos. Todas estas reacciones físicas nos preparan para pelear contra un peligro, o escapar de él. Nuestra respuesta de temor puede salvarnos la vida.

Según los psicólogos, la ansiedad y la preocupación son distintas del temor. Este es lo que sentimos cuando afrontamos un peligro real, que tenemos justo delante de nosotras, y que nos exige una acción inmediata. Es lo que sentimos cuando un perro enojado estalla contra nosotros desde el jardín de nuestro vecino, cuando el auto vira bruscamente delante de nosotros en la autovía, o cuando nuestra cocina se incendia. Sin embargo, según los psicólogos, la ansiedad es lo que sentimos cuando nos encontramos con un peligro menos definido. Si nuestro hijo sufre una grave enfermedad, por ejemplo, la presencia del peligro es muy real, pero nos sentimos impotentes de tratar con él. Las respuestas de nuestro cuerpo no nos ayudan. Podemos escapar de este peligro, y no podemos andar a puñetazos con él. Este tipo de temor impotente nos hace sentir físicamente enfermas.

La ansiedad también es lo que sentimos cuando nos enfrentamos a peligros imaginarios. Estamos acostadas en la oscuridad, y los "y si" se ciernen como monstruos sobre nuestros hijos. Si pudiéramos, iríamos a pelear por nuestros hijos; los levantaríamos en nuestros brazos y correríamos con ellos para ponerlos a salvo. ¿Pero qué podemos hacer para luchar contra algo imaginario? ¿Cómo podemos escapar a su alcance? Como solo vive en nuestra propia mente, va con nosotras dondequiera que vamos. Una vez más, el temor saludable y normal de nuestro cuerpo no tiene salida. Se convierte en un estrés que nos enferma físicamente y nos roba el gozo de nuestra vida.

Dios no nos condena por sentirnos ansiosas. La Biblia afirma: "Tan compasivo es el Señor con los que le temen como lo es un padre con sus hijos" (Sal. 103:13 NVI). Sin embargo, Dios no quiere que suframos por el temor innecesario cuando en realidad no tenemos por qué. Anhela traer paz a nuestra mente atormentada, y descanso a nuestro cuerpo exhausto. Jesús afirmó que la paz que Él nos da no es como la paz del mundo (Jn. 14:27); en otras palabras, no se basa en acontecimientos externos. Es una paz continua que no perturban ni el temor ni la ansiedad.

Confiar en Dios para proteger a nuestros hijos es algo que se hace un poco más fácil con la práctica. Conforme vemos las formas fieles en que Dios los ha cuidado en el pasado, podemos empezar a esperar que Él les ofrezca hoy el mismo cuidado y también en el futuro. Pero en los días en que nuestros temores parecen ser demasiado grandes para soportarlos, Dios lo entiende. Lo único que pide es que le entreguemos nuestra ansiedad y nuestras dudas, del mismo modo en que le damos nuestro gozo y nuestro amor. Él atesora el regalo de nuestras emociones negativas tanto como el de nuestras emociones más positivas.

Dios, independientemente de lo mucho que me esfuerzo,
hoy parece que no puedo vencer mis angustias. Voy
a dejar de luchar contra ellas; te las voy a dar a ti.
Transfórmalas te pido, en algo nuevo y hermoso.

PARTE XII

Las colchas las cose ella misma
y se viste de púrpura y lino fino.
—Versículo 22 nvi

Un hermoso lugar de descanso

Después de todas esas cosas que realiza la mujer de Proverbios 31, relacionadas con preocuparse de los demás, ahora vemos que tampoco ha estado descuidándose de sí misma entretanto. Hace que su cama —su lugar privado— sea hermosa y confortable. Se viste con ropa que le sienta bien y es adecuada a su verdadera dignidad e identidad. Sabe lo que necesita y merece su propia atención y cuidado.

¿Qué significaría que siguiéramos su ejemplo? Bueno, podría ser algo bastante literal: arreglamos nuestra habitación y compramos colchas nuevas, para crear un hermoso lugar de descanso donde poder retirarnos y hallar relajación y reposo; evaluamos nuestro vestuario con la misma atención amorosa que prestamos a la ropa del colegio de nuestros hijos. También podríamos, sin embargo, mirar un poso más allá y hallar el simbolismo de este versículo.

Como mujeres modernas, con frecuencia no somos tan sabias como la mujer de Proverbios 31. Muchas de nosotras hemos aprendido a dejarnos siempre para el final. Sobre todo si somos madres, esto parece ser gajes del oficio. Podemos sentirnos resentidas al actuar así, pero seguimos creyendo que es lo que toda buena madre debe hacer. Hasta suponemos que Dios debe aprobar nuestra generosa conducta. Podemos sentir un brillo de martirio santurrón.

Pero la verdad es que Dios no pone las necesidades de una madre en último lugar. Cuando Él contempla nuestras familias, ve que cada uno merece tiempo y atención; no le pide a un individuo específico que haga todo el trabajo sucio de la familia. En su lugar, Él ama y nos aprecia a cada una de nosotras, incluidas aquellas que somos madres. Quiere bendecirnos a todas. Quiere que toda la familia esté alimentada y cuidada, y jamás querría que las madres estuvieran emocional y espiritualmente —y a veces físicamente también— desnutridas. Porque Él entiende nuestro ser interno, sabe que no podemos seguir preocupándonos de nuestras familias de forma indefinida, si nunca nos cuidamos a nosotras mismas. Él quiere nutrirnos a todas, y quiere ayudarnos a nosotras, las madres, a mirar más por nosotras mismas.

Tómate un minuto para considerar tu vida. Finge que no es la tuya, sino la de una amiga a la que amas, o la de un niño crecido. Si eres sincera, ¿qué le aconsejarías cambiar a la persona que vive esta vida? Aquí tienes varias preguntas para tu consideración:

- ¿Está comiendo esa persona de una forma saludable?
- ¿Realiza esta persona el ejercicio que necesita?
- ¿Está durmiendo lo suficiente?
- ¿Respetan sus necesidades aquellos que la rodean?
- ¿Tiene ella oportunidades de expresar su creatividad?
- ¿Tiene suficientes risas y gozo en su vida?
- ¿Está haciendo demasiado? ¿Ha abarcado más de lo que puede apretar en uno o más ámbitos de su vida?
- ¿De qué manera se está perjudicando por ignorar sus propias necesidades?
- ¿Qué efecto tiene su abandono de sí misma en el resto de su familia?

Paciente Señor, muéstrame dónde no estoy siendo fiel a mí misma. Recuérdame que tú vives dentro de mí, y que, así como respeto y me preocupo por mi propio cuerpo, mi mente y mi corazón, también me estoy preocupando de ti.

A los ojos de Dios

Todas nosotras necesitamos tener el sentido saludable de nuestra propia valía que tenía la mujer de Proverbios 31. Esto no significa que seamos engreídas; la humildad y la autoestima son compañeras muy cómodas.

Sin embargo, con demasiada frecuencia intentamos derivar nuestra autoestima de fuentes que más tarde o más temprano nos van a defraudar. Si contamos con nuestro trabajo o nuestras relaciones, o nuestro aspecto para que nos hagan sentir bien con nosotras mismas, estamos abocadas a caer en la decepción. Siempre que estemos experimentando el éxito —conseguimos un ascenso en el trabajo, hacemos una nueva amiga, perdemos cinco kilos [diez libras]— nos sentimos orgullosas y llenas de autoestima. Pero final e inevitablemente descubrimos, de una forma u otra, que hemos fracasado. Perdemos el trabajo que amamos, una amiga nos traiciona, recuperamos el peso perdido. Cuando estas cosas ocurren, si hemos puesto una porción demasiado grande de nuestra autoestima en ello, recibimos un terrible golpe en nuestra identidad. Cualquiera se sentiría herida y triste al enfrentarse a situaciones como estas, pero con demasiada frecuencia actuamos como si esos factores externos estuvieran contando una verdad objetiva sobre nosotras. Hemos perdido de vista el verdadero significado de quiénes somos.

Tómate el aspecto como un buen ejemplo de aquello de lo que estamos hablando. Vivimos en un mundo donde nos juzgamos unas a otras con demasiada frecuencia, por cuánto se ajusta nuestra apariencia externa a la moda actual. Nos comportamos como si hubiera un estándar absoluto para la ropa, el cabello y el peso; sin embargo, lo único que tienes que hacer es entrar a un museo de arte, y las pinturas de las diversas épocas revelarán que el concepto humano de lo que es hermoso en cuanto a ropa, peinado y la forma de nuestro cuerpo ha cambiado drásticamente de un siglo a otro. Nosotras, las mujeres del siglo XXI, solemos sentirnos avergonzadas si tenemos un cuerpo rellenito, en forma de pera; sin embargo, esos mismos cuerpos habrían encajado con el epítome de la hermosura femenina en una época anterior. ¡En ese tiempo, habrían sido las mujeres con un cuerpo delgado y esbelto las que se mortificaran!

Necesitamos hallar nuestra autoestima en algún lugar que no sean los caprichos mutables del mundo y nuestro aspecto externo. Somos seres eternos, habitantes del reino eterno de Dios. Nuestro cuerpo y nuestra forma de actuar en los diversos ámbitos de nuestra vida solo son dos aspectos de quienes somos. Son una parte preciosa de nuestra identidad, y merecen nuestro cuidado; sin embargo, quienes somos en realidad, quienes somos a los ojos de Dios, va más allá de los volubles juicios del mundo.

Jesús, enséñame a considerarte a ti como la
fuente de mi autoestima. Recuérdame que
no dependa del mundo exterior para decirme
lo que valgo. Quiero ver con tus ojos.

Redes de apoyo

Con frecuencia, como madres nos sentimos tentadas a dejar a un lado las necesidades y las preocupaciones de nuestra propia salud, porque estamos demasiado ocupadas centrándonos en lo que debemos hacer por nuestras familias. Sin embargo, durante el embarazo fuimos probablemente más cuidadosas con nuestro cuerpo que en cualquier otro momento de nuestra vida. Reconocimos que nuestros hábitos, nuestros patrones de sueño y nuestras dietas afectarían todos a la vida que crecía dentro de nosotras. Nos dimos cuenta de que no podíamos separar nuestra propia vida de la del niño. El bebé y la madre estaban íntimamente conectados, la sangre fluía entre sus cuerpos.

Sin embargo, una vez que nuestro bebé ha nacido, a menudo nos olvidamos de nosotras mismas mientras nos centramos en esas nuevas criaturas exigentes. Durante los primeros días y semanas (y a veces meses), después del nacimiento, es difícil hallar tiempo para el sueño que necesitamos, ¡y menos aún para preocuparnos por las colchas de nuestra cama! Apenas podemos darnos una ducha, así que desde luego no nos estamos vistiendo de púrpura y lino. A menos que tengamos mucha ayuda de la familia y las amigas, resulta difícil evitar ese desesperante agotamiento postparto que acaba convirtiéndose en una depresión hormonal que ya estamos sintiendo. Con suerte, esos días de cansancio no duran para siempre.

Si lo hacen —si nuestros hijos ya no son bebés y seguimos agotadas y deprimidas—, necesitamos conseguir ayuda. Probablemente necesitaremos buscarla en lugar de esperar en silencio que alguien note lo desesperadas que estamos, y se ofrezca para ayudarnos.

El primer paso es, sin duda, ser sinceras con nuestros maridos y hacerles saber que necesitamos ayuda. Esto no significa que gritemos toda nuestra desesperación, nos enrabiemos con ellos, y esperemos que respondan de forma positiva. Ni siquiera significa que nuestros maridos tengan que ser quienes resuelvan la situación; de manera objetiva, sus vidas ya pueden estar llenas de pesadas responsabilidades y tensos horarios. Sin embargo, necesitamos el apoyo de nuestros maridos y su comprensión. Los necesitamos para que nos alienten y nos ayuden a encontrar la ayuda que necesitamos.

Deberíamos, asimismo, recurrir a nuestras redes de apoyo. Amigas, miembros de la familia, pastores y miembros de nuestra congregación pueden ser capaces de ofrecer ayuda práctica. Necesitamos hablar con nuestros doctores y conseguir su consejo profesional. Ellos pueden ser capaces de detectar formas en que podríamos ajustar nuestra vida para crear un equilibrio más saludable para nosotras. Pueden querer hacernos pruebas para determinar si un problema físico es, en parte o por completo, la causa de nuestras dificultades. Es posible que necesitemos medicación. La consejería podría ayudar.

Tal vez nos incomode admitir que no podemos con nuestra vida, pero esto es algo que no solo necesitamos hacer por nosotras mismas, sino también por nuestros hijos. Ya no estamos embarazadas, pero nuestra salud y nuestro bienestar siguen teniendo efectos directos en los de nuestros hijos. Para ilustrar esto se suele usar la metáfora de las directrices que los asistentes de vuelo suelen proporcionales a los padres al principio de cada vuelo: "En caso de accidente, las máscaras de oxígeno caerán desde encima de sus cabezas. No intenten ayudar a su hijo hasta que usted mismo haya asegurado su propia máscara". El primer instinto de los padres podría ser dar prioridad a la seguridad de su hijo, así como nuestro instinto es poner las necesidades diarias de nuestros hijos por delante de las nuestras, pero siguiendo este instinto en estas situaciones podrían en realidad poner al niño en peligro. No seríamos capaces de ayudar a nuestros hijos a ponerse su máscara de oxígeno si estamos inconscientes. Tampoco serviremos de mucho a nuestros hijos cuando estamos tan exhaustas que nuestras emociones se han agotado y nuestra paciencia está hecha pedazos.

La mujer de Proverbios 31 lo sabía. Ella se cuidaba. De no haberlo hecho, jamás habría sido capaz de realizar todas las demás cosas que hizo.

Jesús, te pido que me muestres si necesito ayuda para hacerle frente a mi vida. Confío en que tú traerás a los ayudadores que necesito en mi vida.

Energía renovada

El agotamiento físico de una mujer es un problema muy real. Sin embargo, si conseguimos la ayuda que necesitamos, por lo general sabemos que con tiempo para relajarnos y dormir nos sentiremos mejor. Pero el agotamiento emocional y espiritual va de la mano con el físico, y puede ser más difícil hallar formas de refrescar nuestra mente, nuestro corazón y nuestra alma.

Aquí tienes algunas ideas prácticas para que consideremos implementarlas en nuestra vida. ¡Podríamos tomarlas como las versiones del siglo XXI de lindas colchas y ropa de lino!

- Lleva un diario. Conviértelo en un lugar de reconocimiento y afirmación de tus propios logros y éxitos, incluso los más insignificantes.
- Suelta tu necesidad de perfección. ¡Nadie te va a poner una mala nota si te acuestas con la casa sucia! La policía de la moda no va a arrestar a tu hijo por llevar la misma camiseta que a principios de semana.
- Reconoce tus propios sentimientos. No intentes apartarlos. Haz lugar para ellos en tu corazón, como si fueran niños que necesitaran ser amados. Imagínate a Jesús sentado en el centro de tu corazón, con esa muchedumbre de niños necesitados reunidos en torno a Él. Escucha lo que tienen que decirle. Estate dispuesta a aprender de ellos.
- Escucha a tu cuerpo. Esto te requeriría alguna práctica, porque nos hemos acostumbrado tanto a

sofocar las voces de nuestro cuerpo. Sin embargo, si se lo permites, tu cuerpo te dirá cuando algo va mal. ¿Significa tu dolor de cabeza que necesitas simplificar tu vida? ¿Te anuncia tu cansancio que necesitas acostarte más temprano? ¿Estás hambrienta o no? Cuando escuchamos los mensajes reales de hambre de nuestro cuerpo (en lugar de comer por razones emocionales) podemos volver de forma natural a un peso más saludable.

- Practica decir que no cuando se te pide que hagas algo. ¡Es posible que necesites ponerte literalmente delante de un espejo y practicar pronunciar la palabra! Cuanto más la repitas, más fácil vendrá a tus labios. ¡El mundo no acabaría si decepcionas a alguien!

- Crea santuarios y Sabbat en tu vida; lugares y momentos en los que puedas retirarte de todas las exigencias sobre tu vida, y reponerte. Si tienes niños pequeños que necesiten supervisión, tal vez necesitas pedirle ayuda a tu marido con esto, a un miembro de la familia o a una amiga. Hasta puede merecer la pena gastar dinero en una niñera para que puedas escaparte al menos una vez a la semana.

Señor, cuando me encuentro espiritual, mental y emocionalmente exhausta, muéstrame las acciones que necesito emprender para cuidar de mí misma. Sabes que cuando estoy tan terriblemente cansada, resulta difícil encontrar la energía de realizar un cambio, aunque sea un cambio que me ayudará a sentirme mejor. Dame la energía que necesito, te ruego, para cuidar de mí misma.

¡Cuida de ti!

Aquí tienes unas cuantas formas más en que podríamos considerar cuidar de nosotras mismas. Añadir, aunque sea uno o dos de estos a nuestra vida es un paso hacia mostrarnos a nosotras mismas el respecto y el amor que merecemos.

- Practica una buena higiene y cuida tu aspecto. Aunque vayas a quedarte en casa todo el día, sola, realizando tus tareas domésticas, tómate el tiempo de verte bien; te ayudará a sentirte mejor contigo misma. Esto no significa pensar que tenemos más valor cuando nos vemos bien. Es justo lo contrario. Porque tenemos valor, merecemos el cuidado necesario de vernos lo mejor posible.

- Saca tiempo para las amigas. Si estás demasiado ocupada para pasar tiempo con las personas que te entienden, acabarás sintiéndote sola y aislada. Las amigas pueden ayudarte a tener un mejor sentido de la perspectiva sobre los problemas. Podrían ser capaces de ver las soluciones con mayor claridad que tú. Pueden darte apoyo emocional. Sin embargo, asegúrate de que las personas con las que escojas pasar tiempo sean amigas de verdad. ¿Te sientes alentada después de haber estado con ellas, o te sientes más deprimida que antes de haber estado juntas? Como declara la Biblia, necesitas amigas que te "edifiquen". El término procede de la raíz latina que significa "construir, edificar algo". Sal con personas que te edifiquen, y evita a aquellas que te destruyen.

- ᣴ Intenta hacer cada día algo de lo que disfrutes. Esto podría significar bailar, leer un buen libro, ver tu programa televisivo favorito, trabajar en el jardín, pintar o hacer alguna otra cosa que sea creativa.

- ᣴ Busca formas de relajarte e inclúyelas en tu vida cada semana, sino a diario. Podría ser tomar un baño a la luz de las velas. Podría ser salir a dar un paseo por el bosque o darte un masaje. ¡Podría ser tener sexo con tu marido!

- ᣴ Escucha música durante el día, cuando sea práctico. La música tiene el poder de elevar tus emociones y de proporcionarte una mayor sensación de energía.

- ᣴ Aparta tiempo cuando limites tus conexiones con el mundo. No permitas que las voces externas invadan tu hogar y tus pensamientos cada minuto del día.

Amante Dios, te ruego que me muestres las rutinas prácticas que puedo edificar en mi vida, y que me ayudarán a cuidar mejor de mí misma. ¡Recuérdame que me lo merezco!

Desconectada

La vida de nuestra mujer de Proverbios era ajetreada y estaba llena de grandes responsabilidades, pero existen algunos retos a los que nunca tuvo que enfrentarse. Uno de esos es la constante conexión que tenemos hoy con los demás a través de los teléfonos móviles, el correo electrónico y Facebook. Todas hemos crecido tan acostumbradas a estas conexiones que nos parecen normales y necesarias. Pero todas necesitamos desconectarnos de vez en cuando.

Por ejemplo, resulta que compruebo mi correo electrónico con frecuencia durante mis días laborales. Es un poco como sacar una tarjeta de "suerte" en el Monopoly: ¿Qué será esta vez? Podría ser un mensaje de una amiga que me pide que quedemos para comer. Podría ser una oportunidad de negocios. A menudo es un problema profesional que necesita mi atención. Sin embargo, he llegado a darme cuenta de que cuando lo hago, estoy renunciando a mi poder de controlar mi propio tiempo. Siempre estoy reaccionando en lugar de ser proactiva. Al final del día laborable, suelo sentirme como si no hubiera hecho tanto como esperaba. Me culpo por mi falta de productividad en todas esas interrupciones constantes de mi correo electrónico y, a pesar de ello, yo las busqué. Es mi propia culpa por haberle dado prioridad.

Comunicar con los demás es una parte necesaria de nuestra vida. Es una forma de intercambiar ideas, información y amor. Sin embargo, a veces todas necesitamos momentos de silencio y soledad. En los Evangelios se nos dice que Jesús se tomaba tiempo para retirarse de las multitudes a un lugar apartado, donde pudiera estar a solas. Ni siquiera llevaba consigo a sus amigos más cercanos. Sabía que cualquier interrupción destrozaría ese tiempo de tranquilidad que necesitaba para estar en contacto con su Padre.

Ahora imagina si Jesús hubiera tenido un teléfono móvil encima. Lo habría puesto en modo vibración y lo llevaría en su bolsillo; luego se arrodillaría en el suelo e inclinaría su cabeza. El viendo susurraría entre los árboles, oiría la llamada de un pájaro y Él y el Padre eran uno... y entonces, "¡Bzzzz!". Un mensaje de texto acabaría de entrar, pero Él decidiría ignorarlo. Su teléfono estaría programado para avisarlo continuamente hasta que leyera el mensaje, así que por fin tendría que sacar el teléfono con la intención de abrirlo y cerrarlo para que dejara de zumbar. Sin embargo, no podría evitar echar un vistazo al mensaje.

Era de Pedro. "Maestro —decía—, necesito preguntarte algo. ¿Podrías darnos una llamada?". Jesús suspiraría. Probablemente no sería nada importante, pero quizás sí lo era. Y él amaba a sus discípulos y quería ayudarlos como pudiera. "Es probable que no tarde demasiado", se diría mientras marcaba el número de Pedro.

Cuarenta y cinco minutos después, Jesús cerraría finamente su teléfono y volvería a colocarse de nuevo en el suelo. "¿Dónde nos habíamos quedado, Padre? Volvería a sintonizarse con los tranquilos ruidos de su recóndito lugar... y, entonces, ¡Bzzzz!".

Esta es una historia absurda, por supuesto. Si se hubieran inventado ya los teléfonos móviles durante la época de la Biblia, Jesús no habría llevado nunca uno consigo cuando fuera a un lugar solitario a orar. Era lo bastante sabio como para saber que necesitaba apartarse un tiempo de las multitudes, y de todas las exigencias de su vida; Él habría sido lo bastante disciplinado como para desconectarse por completo del mundo exterior de manera a poder conectarse en el mundo de su Padre.

La mujer de Proverbios 31 adornó su cama. Era un lugar donde podía relajarse y refrescarse. También nos da la sensación de que llevaba dentro de sí la sensación de paz y serenidad que hallaba en sus momentos a sola, durante sus días ajetreados. Si nosotras también esperamos crear lugares internos y externos de tranquilidad privada, debemos tener la sabiduría y la disciplina de apagar a veces nuestro correo electrónico y nuestro teléfono móvil.

Dios, necesito recibir tus mensajes más que leer
cualquier correo electrónico o mensaje de texto.
Recuérdame que necesito desconectarme a veces del
mundo si quiero escuchar tu voz suave y apacible.

PARTE XIII

Su esposo es respetado en la comunidad;
ocupa un puesto entre las autoridades del lugar.
—Versículo 23 nvi

Constancia

La mujer de Proverbios 31 es un activo para su marido. Respalda y fortalece su reputación. Sin embargo, es evidente que no es la "pequeña mujer tras el gran hombre, ya que ella se implica en su propio trabajo y toma sus decisiones independientes. Recuerda que el autor de Proverbios también puede haber establecido paralelos entre su mujer ideal y la Sra. Sabiduría, tal como se la describe en el libro de Eclesiastés. El tipo de mujer que el autor tenía en mente podía haber ayudado a su marido con su sabiduría: sus impresiones exactas y sus juicios concienzudos. Su constancia le proporcionaba equilibrio. Ella protegía la reputación de él y le era leal; ¡estaba al lado de su marido! ¿Tenemos ese mismo compromiso con nuestros maridos? ¿Pueden ellos contar con nuestro amor, nuestra sabiduría y nuestro apoyo constantes?

Podemos sentir que no tenemos en nosotras la capacidad de prestarles a nuestros maridos el sabio apoyo que la mujer de Proverbios le daba al suyo. El amor de matrimonio no siempre viene con facilidad. Aprender los compromisos y las estrategias que harán funcionar nuestro matrimonio supone un duro trabajo.

Con frecuencia pensamos en la obcecación como una cualidad negativa. Aunque en lo que respecta al matrimonio nuestro amor necesita ser testarudo, de manera que no abandone con facilidad. Necesitamos amar con tenacidad. En sus raíces, *tenacidad* significa "el acto de aferrarse, de ser constante, firme". Esta es la forma en que necesitamos amar a nuestros maridos: aferrarnos con firmeza, agarrarnos con fuerza a nuestro compromiso, a pesar de los altibajos de la vida de casados.

Todos los cónyuges se defraudan en un momento u otro. Sin embargo, incluso cuando no podamos encontrar la forma de conseguir la armonía de casados, podemos seguir orando por nuestros maridos. Nuestro apoyo en oración puede ser estable y constante. Podemos pedirle a Dios que proporcione sabiduría a nuestros maridos cuando la nuestra falle.

El apóstol Pablo mostró este mismo tipo de amor comprometido cuando escribió a la iglesia en Éfeso: "... no ceso de dar gracias por vosotros —expresó—, haciendo memoria de vosotros en mis oraciones, para que el Dios de nuestro Señor Jesucristo, el Padre de gloria, os dé espíritu de sabiduría y de revelación en el conocimiento de él" (Ef. 1:15-17 RVR1960). Podemos orar del mismo modo por nuestros maridos.

Si seguimos el ejemplo de oración de Pablo, expresaremos a diario y de un modo constante nuestra gratitud por nuestros maridos; la gratitud se entretejerá en nuestras oraciones por nuestros esposos. Oraremos con obcecación, con tenacidad, y nos negaremos a tirar la toalla (incluso cuando estemos enojadas o heridas). Le pediremos a Dios que dé a nuestros maridos "un espíritu de sabiduría". Rogaremos que Él se revele a ellos.

Ayúdame, Señor, a ser un apoyo constante para
mi esposo. Úsame para bendecirlo. Recuérdame
que ore por él a menudo, con gratitud. Te pido
que tu luz resplandezca hoy sobre él.

Afirmación

"No debemos limitarnos a *decir* que amamos", escribió Juan en su primera epístola. "Debemos demostrarlo por medio de lo que hacemos" (1 Jn. TLA). *Te amo* son las palabras importantes en cualquier matrimonio, pero a veces necesitamos detenernos y comprobar si nuestras acciones son acordes con nuestras palabras. Resulta fácil decir de forma automática "Te amo", ¡pero no lo es ser paciente, tragarse las palabras que podrían herir, o controlar nuestro temperamento cuando nuestro marido nos está volviendo locas!

C. S. Lewis escribió: "El regalo más precioso que el matrimonio me dio fue este impacto constante de algo muy cercano e íntimo, aunque a la vez inequívocamente ajeno, resistente: en una palabra, real". Por absurdo que suene, a veces olvidamos que nuestros maridos son reales. Los damos por sentado. Nos acostamos junto a ellos, nos despertamos a su lado, intercambiamos con ellos las responsabilidades respecto a los niños, los autos y las comidas, pero tal vez no nos detenemos nunca a preguntarnos qué hay en su cabeza. Si no son felices, ¿lo notamos? ¿Nos alegramos cuando lo son? ¿Nos enorgullecemos de sus logros? ¿Nos reímos con ellos? ¿Los escuchamos cuando hablan (los escuchamos *de verdad*)?

Si el compromiso es el fundamento sobre el que está construido el matrimonio, entonces la comunicación es lo que forma su estructura. La comunicación implica tanto dar como recibir. Requiere un intercambio de ideas y de sentimientos en ambos sentidos, con ellos. También exige respeto. Si le gritas a tu marido o lo insultas, no es probable que tenga lugar una comunicación real.

La comunicación no siempre necesita ser verbal. Algunas personas se sienten más cómodas hablando que otras. Si tenemos maridos silenciosos, como nos ocurre a algunas, podemos pedirles que hagan un esfuerzo por hablar un poco más; pero también es necesario que respetemos su reticencia. Cuando prestamos atención, podemos observar las formas en que transmiten estos hombres de pocas palabras su amor y su respeto por nosotras. Pueden ser atentos de muchas pequeñas maneras. Pueden ser tiernos en la cama, resueltos en darnos placer. Tal vez hay cosas que hemos llegado a dar por sentadas —la forma en que nuestro marido calienta el auto para nosotras por la mañana, por ejemplo, o que nunca olvidan comprar nuestro helado favorito—, y cuando pensamos en ello, tal vez nos demos cuenta de todos esos "te amo" salpicados a lo largo de nuestra vida cotidiana.

La afirmación debería ser un elemento frecuente de nuestra comunicación con nuestros esposos. Necesitamos hacerles saber que notamos las cosas que hacen por nosotras. Es necesario elogiarlos cuando están guapos, (aunque finjan que no les importa). Necesitamos demostrar nuestro orgullo por sus logros y mencionarles los puntos fuertes que vemos en ellos. Cuando les transmitimos afirmación a nuestros esposos los estamos apoyando de la forma en que la mujer de Proverbios 31 respaldaba claramente a su marido. Los estamos edificando, no destruyéndolos con enojo e insultos.

Por supuesto, queremos que nuestros maridos hagan lo mismo por nosotras. ¡También queremos sentirnos afirmadas! Pero, como oraba San Francisco de Asís, necesitamos procurar entender más y preocuparnos menos por ser entendidas. Si retenemos nuestra afirmación de nuestros maridos, porque estamos heridas y resentidas, crearemos un ambiente en el que los sentimientos heridos y el resentimiento se pasearán de un lado a otro. Cuando trabajamos en edificar una estructura llena de amor y seguridad, nuestros esposos pueden descubrir que dentro de ese refugio pueden expresar su amor y su afirmación con mayor facilidad.

Señor, bendice mi matrimonio. Recuérdame
que me fije en mi marido, que preste atención
a su realidad. Ayúdanos a comunicarnos más
el uno con el otro. Haz que pueda mostrarle
mi afirmación hoy con pequeños gestos.

Definición del amor

En su primera carta a los corintios, el apóstol Pablo detalló una práctica definición del amor. Constaba de catorce elementos, que podemos aplicar a nuestro matrimonio.

1. *El amor es paciente.* Recoge los calcetines sucios que su cónyuge deja siempre en mitad del suelo; se muerde la lengua en lugar de hablar con enojo.

2. *El amor es bondadoso.* No insulta al marido; es amable con sus debilidades; se sale de su camino para hacer algo bueno para el esposo.

3. *El amor no es envidioso.* No envidia la buena suerte del marido (por ejemplo, su ascenso en el trabajo cuando nosotras no hemos logrado el que esperábamos en nuestra propia profesión); no anhela poseer (¡o tirar!) las pertenencias del marido; se regocija de aquello que hace feliz a su esposo.

4. *El amor no es jactancioso.* No intenta impresionar al marido, vanagloriándose de sus propios logros; no intenta inflar sus propios méritos exagerando los éxitos.

5. *El amor no es orgulloso.* Nunca es arrogante; en su lugar, siempre es humilde, siempre dispuesto a ser respetuosa con el marido.

6. *El amor no se comporta con rudeza.* No es desconsiderado con los sentimientos del marido; presta atención a sus deseos.

7. *El amor no es egoísta.* No se pone por delante del marido, sino que se coloca a un lado.

8. *El amor no se enoja fácilmente.* No es susceptible ni irritable; no tiene mal genio.

9. *El amor no guarda rencor.* No echa una y otra vez en cara algo que ocurrió hace mucho tiempo, no saca a colación la misma lista de quejas cada vez que hay un conflicto.

10. *El amor no se deleita en la maldad, sino que se regocija con la verdad.* Nunca se alegra cuando el marido tiene problemas; no se regodea ni cotillea (incluso con sus amigas más cercanas).

11. *Todo lo disculpa, todo lo cree.* Le da al marido el beneficio de la duda; es leal; le da una segunda (tercera y cuarta) oportunidad.

12. *El amor todo lo espera.* Siempre mira hacia el futuro; cree que el marido es capaz de vivir a su más pleno potencial.

13. *El amor todo lo soporta.* No tira la toalla respecto al marido; resiste a los tiempos difíciles.

14. *El amor jamás se extingue.* Es eterno, sin fin, ilimitado e incondicional.

Este es el mismo tipo de amor que Cristo nos da. Si queremos que nuestro matrimonio crezca y florezca, seguiremos su modelo de amor. Buscaremos oportunidades para dar nuestra vida, para poner el amor en práctica. En el contexto de nuestro matrimonio, esto rara vez significa que demos literalmente nuestra vida por el hombre al que amamos. Es más probable que quiera decir que recogemos su ropa de la tintorería, o sacamos la basura en su lugar cuando ellos van retrasados.

*Enséñame. Señor y Dios, a amar a mi
esposo como tú me amas a mí.*

PARTE XIV

Confecciona ropa de lino y la vende;
provee cinturones a los comerciantes.
—Versículo 24 NVI

Creatividad expandida

Una vez más, nuestra mujer ideal está metida en una empresa de negocios. ¡Qué mujer! Es un poco parecida al conejito de Energizer: nunca abandona. En lugar de sentirnos intimidadas por el aterrador nivel de fuerza e iniciativa de esta mujer (¡que yo confieso sentir!), es necesario que busquemos qué podemos aprender de este nuevo aspecto de la personalidad de la mujer.

Tal vez lo que veamos aquí es su disponibilidad a probar nuevas cosas. Todas nosotras tendemos a estancarnos en la rutina. Es cómodo. Aunque sean aburridas, una se siente a salvo. No nos piden que cambiemos. No exigen que intentemos algo nuevo, algo que tal vez no se nos dé bien.

Sin embargo, a veces Dios nos pide que salgamos de nuestras rutinas. Nos pide que expandamos nuestra creatividad y, también, como la mujer de Proverbios 31, que cosechemos su recompensa. Cuando lo hagamos, descubriremos que probar algo nuevo tiene muchos beneficios, ¡aparte de romper el aburrimiento!

Cuando intentamos algo nuevo, aunque nuestro éxito no sea completo en ello, ganamos nueva confianza en nosotras mismas. Cuando yo era niña, siempre que jugaba a softbol durante la clase de gimnasia, siempre me ponchaba. Era comprensible que nadie me quisiera en su equipo. Yo temía que me tocara batear y, cada vez, me sentía tan incómoda que apenas me tenía de pie, y mucho menos atinaba a golpear la pelota con el bate. Ya de adulta, si las amigas jugaban un partido de softbol por divertirse, yo me buscaba una excusa para abandonar la reunión. Pretendía no volver a enfrentarme a la sensación de fracaso y vergüenza que había experimentado de niña. Entonces, un día, mi esposo me convenció para intentar jugar una vez más a softbol. Me indicó cómo debía posicionarme, cómo sostener el bate, cómo hacer el swing y, para mi sorpresa, golpeé la pelota y la envié al punto más lejano del campo en el primer intento. No me he convertido en una jugadora de softbol de primera; jamás consideraré que esta sea una de mis aptitudes. Sin embargo, el mero hecho de haber tenido el valor de hacerlo siendo ya adulta me proporcionó el sentimiento embriagador de que podría hacer casi *cualquier cosa.*

Jugársela e intentar algo nuevo requiere valor. Demostrarte a ti misma que puedes hacerlo te da la nueva confianza de que esto puede extenderse a los demás ámbitos de tu vida.

Intentar algo nuevo también puede darnos oportunidades de aprender cosas nuevas y ganar nuevas ideas. Nuestra vida se enriquecerá, y transmitiremos la riqueza a nuestra familia y nuestra comunidad.

Señor, muéstrame si hay algo nuevo que debería probar, y dame el valor de salir a batear ¡y golpear!

Zona de confort

Desde el tiempo en que éramos bebés, hemos basado nuestra comprensión de cómo funciona el mundo en las experiencias que ya hemos tenido. El sol salió todas las mañanas durante los últimos siete días (así como en los últimos miles de años), así que suponemos que también lo hará mañana. Que salga el sol es una parte de nuestra realidad y, en este caso, nuestra percepción de la realidad es exacta. Sin embargo, cuando basamos nuestro entendimiento de quiénes somos en nuestras maneras de comportarnos en el pasado, nos autolimitamos. Pensamos para nosotras mismas *siempre he sido así, ¿cómo podría, pues, cambiar?* Y en realidad lo creemos. Sencillamente no parece muy probable que cambiemos de una forma importante.

De lo que no nos damos cuenta es que no es tanto que seamos incapaces de cambiar, sino lo mucho que nos asusta el pensamiento de hacerlo. Otro nombre para la rutina es ¡zona de confort!

Todas tenemos zonas de confort. Están formadas de rutinas y lugares familiares. Son predecibles y eso nos resulta tranquilizador y reconfortante. Las zonas de confort nos proporcionan *confort*, y eso no es malo, sobre todo en momentos de estrés y dolor.

Sin embargo, a la mujer de Proverbios 31 no le asustaba abandonar su zona de confort para probar algo nuevo. Al parecer no establecía límites en su capacidad de crecer y aprender. Estaba dispuesta a liberarse del pasado, de lo familiar y de lo seguro, y correr el riesgo de una nueva empresa.

No todas nosotras tenemos su valentía. Nuestro pasado como mujer ya le había enseñado a ella que era absolutamente capaz de aprender algo nuevo. (¡Después de todo, ya había aprendido a administrar una casa, a comprar un terreno, a plantar una viña y a hilar!). Para ponernos a su nivel de autoconfianza, quizás necesitemos practicar el salir de nuestras zonas de confort en pequeños gestos. Cada vez que lo hagamos, descubriremos que poseemos nueva valentía para asumir el siguiente reto.

Sherman Finesilver, juez federal estadounidense, tuvo esto que decir respecto a probar cosas nuevas:

> *Mantén estos conceptos en mente. Has fracasado muchas veces, aunque no lo recuerdes. Caíste la primera vez que intentaste caminar. Casi te ahogas la primera vez que intentaste nadar... No te preocupes por el fracaso. Mi sugerencia para cada uno de ustedes: Preocúpate de las oportunidades que pierdes cuando no lo intentas siquiera.*[13]

En el libro de Apocalipsis, Dios declara: "¡Miren, hago nuevas todas las cosas!" (21:5 NTV). ¿Podemos atrevernos a dejar que Él nos haga nuevas también?

> *Dios, gracias porque el mundo está lleno de cosas nuevas que probar. Gracias por esperar para revelarte de nuevas maneras, conforme yo tengo el valor de salir de mis zonas de confort.*

13. David DeFord, *1000 Brilliant Achievement Quotes: Advice from the Wold's Wisest.* (Omaha: Ordinary People Can Win! 2004).

¡Algo nuevo!

Si quieres edificar tu autoconfianza y tu capacidad de probar algo nuevo, aquí tienes algunas sugerencias que podrías considerar para aportarte práctica:

- ❧ Toma clases de cocina, arte o *fitness*.
- ❧ Toma clases de música, únete a una compañía teatral de la comunidad, o al coro de la iglesia o de la comunidad.
- ❧ Prueba un tipo de comida que siempre diste por sentado que no te gustaría. (En mi caso, serían las acelgas. Hace poco me di cuenta de que, en realidad, no tenía ni idea de cómo sabían las acelgas; durante toda mi vida di por sentado que no me gustarían).
- ❧ Visita una nueva iglesia. (Esto no significa que tengas que abandonar la antigua, solo porque te resulte familiar. Pero puedes descubrir que aprendes nuevas cosas de los estilos de adoración, liturgia o ideas de otras iglesias.)
- ❧ Preséntate voluntaria en una organización de tu comunidad.
- ❧ Habla con alguien de tu trabajo o de la iglesia con quien no hayas hablado nunca antes.
- ❧ Haz una cita para pasar algún tiempo con alguna de las personas a quien te has atrevido a hablarle y conózcanse mejor.

Todas estas cosas parecen sin importancia y triviales, pero la mera lectura de algunas de ellas puede llenarnos de resistencia. Podemos luchar contra ella con estas estrategias:

- Deja de pensar en ti misma como débil e incompetente. Céntrate en tus fuerzas.
- Practica el eliminar las palabras *deseo, esperanza, tal vez* y *debería* de tu conversación y de tus pensamientos diarios. Sustitúyelas por *puedo, haré,* y *hago*.
- Da pequeños pasos y siéntete orgullosa de ellos. Incluso el más largo de tus viajes está formado por pequeños pasos individuales.
- Deja de postergar las cosas y de justificarte ante los demás y ante ti misma con excusas.
- Pídeles a tus amigas y tu familia que te apoyen y te alienten en aquella cosa nueva que estés probando.
- Lleva contigo a una amiga. Las cosas nuevas no son, a menudo, tan intimidantes cuando las hacemos con alguien familiar junto a nosotras.

Tal vez no tengas éxito en todo lo que pruebes, pero el mero hecho de haberlo intentado seguirá ayudándote a crecer. Descubrirás que tienes la fuerza de intentar cosas nuevas, y que puedes sobrevivir al fracaso. ¡Hasta puedes descubrir que puedes aprender cosas de tus fracasos que te sean útiles en lo próximo que pruebes!

Dios, te pido que salgas conmigo a una nueva aventura. Gracias porque siempre estarás a mi lado. No importa lo que intente, nunca me abandonarás.

Sé valiente

El temor de intentar algo nuevo forma parte de la mayoría de los seres humanos. Y, sin embargo, incontables personas han vencido sus temores. De no haberlo hecho, ¡todos viviríamos exactamente del mismo modo que lo hicieron Adán y Eva!

Aquí tenemos citas de personas que osaron aventurarse en lo que no les era familiar. Podemos sentirnos alentados por su valor. Su sabiduría, forjada en medio de una empresa poco familiar, puede proporcionarnos confianza para atrevernos también con cosas nuevas.

Haz una cosa que te asusta cada día.
ELEANOR ROOSEVELT

No seas demasiado tímido ni aprensivo en tus actos. Toda la vida es un experimento.
RALPH WALDO EMERSON

Siempre estoy haciendo las cosas que puedo; así es como aprendo a hacerlas.
PABLO PICASSO

Todos tienen un "músculo del riesgo". Lo mantienes en forma intentando cosas nuevas. Si no lo haces, se atrofia. Pon empeño en usar al menos uno al día.
ROGER VON OECH

El mayor fracaso es no probar.

WILLIAM WARD

Osar es perder pie momentáneamente.
No atreverse es perderse uno mismo.

SØREN KIERKEGAARD

El progreso siempre implica riesgo. No puedes robar
la segunda base y mantener el pie en la primera.

FREDERICK B. WILCOX

Siempre te pierdes el cien por ciento de los disparos
que no haces.

WAYNE GRETZKY

Un barco en el puerto está a salvo, pero los barcos
no son para eso.

JOHN A. SHEDD

¿Por qué no corres el riesgo? ¿No es ahí donde está el
fruto?

FRAN SCULLY

Sí, asumir un riesgo es inherentemente proclive al fracaso.
De otro modo, se le llamaría asumir una cosa segura.

TIM MCMAHON

Jesús, Amigo de mi alma, gracias por todos los seres humanos valientes que se han atrevido a asumir un riesgo. Gracias porque tú estuviste dispuesto a arriesgarlo todo, incluso tu vida, por mi salvación.

PARTE XV

Se reviste de fuerza y dignidad,
y afronta segura el porvenir.
—VERSÍCULO 25 NVI

Una mujer poderosa

En hebreo, esta descripción de nuestra supermujer tiene este sentido literal: "Poder y esplendor son sus vestiduras. El futuro la hace sonreír; hace que se alegre, divertida".

Si nos habíamos hecho algunas ilusiones de que la mujer de Proverbios 31 encajara cómodamente en la imagen tradicional de una "buena mujer cristiana", este versículo acabaría por disiparlas. Esta mujer no es una dama débil, sumisa, de voz suave. Es *poderosa*. Esplendor y fuerza son sus vestiduras de cada día.

¿Significa esto que, de alguna manera, es masculina? Después de todo, estamos acostumbradas a pensar en la fuerza como una cualidad masculina. Con frecuencia pensamos en la fuerza como agresiva y enérgica, pero la mujer de Proverbios 31 tiene su propio tipo de fuerza. Radica en su capacidad para aplicar la sabiduría y la perspicacia a cada situación con la que se encuentra. Se expresa mediante su compasión, así como su creatividad y su ingenio. No necesita imitar a un hombre para ser eficiente en lo que realiza. En su lugar, hace buen uso de sus capacidades únicas. Su compasión y su sabiduría demuestran su poder.

A pesar de los cambios que el movimiento por los derechos de las mujeres ha traído a nuestro mundo, con frecuencia pasamos por alto esta clase de fuerza. Como mujeres, incluso cuando competimos con los hombres en el lugar de trabajo, podemos llegar a vernos imitar los rasgos masculinos en lugar de aprovechar nuestros propios puntos fuertes. Hasta es posible que sintamos que nuestras emociones nos colocan en desventaja en el mundo profesional.

Sin embargo, si seguimos el modelo de la mujer de Proverbios 31, empezaremos a reconocer nuestras propias ventajas de perspectiva y compasión. Aprenderemos a ponerlas en uso, tanto en el hogar como en nuestros lugares de trabajo. Las emplearemos para aportar nueva energía a nuestras relaciones. Nos ayudarán a tomar decisiones y empoderarán nuestro trabajo.

La bloguera Renee Wade tiene esto que decir respecto a la fuerza de la mujer: "Una mujer fuerte es alguien que siente profundamente y ama con fiereza. Sus lágrimas fluyen con la misma abundancia que su risa. Una mujer fuerte es a la vez suave y poderosa. Es práctica y espiritual. Una mujer fuerte es, en su esencia, un regalo para todo el mundo".

Como mujeres, en ocasiones sentimos que carecemos de fuerza y valor para enfrentarnos a los peligros del mundo. Sin embargo, ese sentimiento no es una percepción precisa de nuestra propia realidad. No necesitamos ser vergonzosas ni tímidas, porque Dios nos ha hecho fuertes. Nos ha vestido de esplendor y dignidad.

¿Somos lo suficientemente fuerte para compartir con el mundo el regalo de nosotras mismas?

Amadísimo Señor, gracias por darme fuerza y esplendor. Ayúdame a reconocer esas cualidades en mí misma, y a usarlas después para tu gloria.

Lo desconocido

La segunda mitad del versículo 25 habla de nuestra actitud respecto al futuro. ¿Cuántas de nosotras miramos a los días desconocidos que tenemos por delante, y sonreímos? ¿Los esperamos con la alegre expectativa que un niño siente antes de la mañana de Navidad? ¿O estamos llenas de temor cuando pensamos en el futuro?

Desde una perspectiva, temer al futuro tiene sentido. Si la muerte es lo que más pavor nos produce —la nuestra o la de nuestros seres amados—, entonces eso a lo que tememos nos espera realmente más adelante, en el camino. Todas envejeceremos. Nuestro cuerpo perderá su fuerza. Un día, tarde o temprano, moriremos. Intentar pensar en otra cosa sería negarnos a aceptar la realidad. Sin embargo, es exactamente lo que hace nuestra cultura. Finge que podemos ser jóvenes para siempre (si usamos la crema facial adecuada). Oculta la muerte fuera de la vista, donde podemos hacer todo lo que podemos para no ver su rostro.

Y, sin embargo, todo aquel que ha nacido tiene que morir un día. Cuando sostenemos en nuestros brazos a nuestros bebés recién nacidos, su muerte aguarda en el futuro por doloroso que nos resulte pensarlo. La muerte es una parte inevitable de la vida.

Cuando la mujer de Proverbios 31 sonreía al futuro, no estaba fingiendo que no sabía que el día de su muerte llegaría un día. En su lugar, creo que afrontaba ese hecho sin ambages, y reía con gozo. Hacía una broma, no para desestimar la realidad de la muerte, sino para reclamar su *verdadera* realidad.

Esto es a lo que aludía Pablo en su primera epístola a los corintios cuando escribió: "¿Dónde está, oh muerte, tu victoria? ¿Dónde está, oh muerte, tu aguijón?" (15:55, NVI). Jesús nos ha mostrado a todas una forma distinta de vivir... y un modo diferente de encontrarnos con la muerte. Se ha convertido en la entrada a su presencia, el portal a algo más grande y más grandioso de lo que podríamos imaginar jamás.

Creo que C. S. Lewis podría ser el autor que mejor se las ha apañado para proporcionarnos una imagen del alegre gozo que podemos encontrar del otro lado de la muerte. Al final de *La última batalla*, uno de sus libros sobre Narnia, Aslan informa a los niños: "Vuestro padre y vuestra madre, y todos ustedes están —como suelen llamarlo en La tierra de las sombras— muertos. El trimestre ha acabado; las vacaciones han comenzado. El sueño ha terminado; es por la mañana". Y Lewis sigue diciendo:

Para ellos, solo era el principio de la verdadera historia. Toda su vida en este mundo y todas sus aventuras en Narnia solo habían sido la cubierta y la página del título: ahora, por fin empezaban el Capítulo Uno de la Gran Historia que nadie en la tierra ha leído, que sigue para siempre, en la que cada capítulo es mejor que el anterior.

Dios de toda vida, te pido que quites mi temor a la muerte. Haz que pueda afrontarla no tanto con valor como con gozo. Enséñame a sonreírle al futuro.

Más que preparada

Cuando mi hija era una preescolar, temía ir al jardín de infantes. Le preocupaba separarse de mí; no quería que tener que dejar sus juguetes en casa durante todo el día; y le asustaba no ser lo bastante grande para subir los grandes escalones del autobús. La escuela era un lugar grande y desconocido que la llenaba de miedo. No podía imaginar cómo sería, ¡y le inquietaba que fuera terrible!

Sin embargo, cuando llegó el gran día, estaba más preparada. Se puso su ropa nueva, y estaba tan emocionada que bailaba, y salió dando brincos hasta el autobús. Ni siquiera volvió la cabeza hacia mí cuando subió a él.

Cuando pienso en la muerte, siempre cavilo sobre ese momento. Lo que quiera que haya del otro lado del momento de nuestra muerte es una gran incógnita. No podemos imaginar cómo será; solo podemos hacernos una idea de este mundo y de las alegrías que tenemos aquí. Cuando viene a nuestra mente el dejarlas atrás, sentimos tal tristeza y temor que nos parece que apenas podemos soportarlo. La muerte se ve oscura y lúgubre. ¡Sin embargo, en realidad la muerte solo es oscura! Y lo es en el sentido de que no podemos ver lo que encierra. Sin embargo, cuando llegue nuestro momento de ir allí, lo descubriremos con Cristo a nuestro lado, y estaremos tan preparadas como mi hija para el jardín de infancia.

También imagino que la muerte debe ser muy parecida al nacimiento, desde la perspectiva del bebé. Imagínate si lo único que hubieras conocido fuera un mundo pequeño, oscuro y cálido donde todo lo que necesitabas fluyera dentro de ti. Si pudiéramos enviar, de algún modo, mensajes a los bebés nonatos, y decirles que hay todo un mundo inmenso y brillante fuera del pequeño espacio seguro que conocen, ellos nunca serían capaces de imaginar de qué estaríamos hablando. Nada en su experiencia les proporcionaría las imágenes que necesitarían para representar el enorme mundo fuera del cuerpo de su madre. Si pudieran entender que llegaría un día en que tendrían que abandonar la seguridad de la matriz, que ese día se acercaba inevitablemente cada vez más, tal vez tendrían una sensación de temor, y hasta de terror. ¿Por qué iban a querer dejar la cercanía que tenían con su madre? ¿Por qué querrían aventurarse y salir a un espacio frío e inmenso, lleno de nuevos colores, sabores y sensaciones? Y, sin embargo, el día de su nacimiento llegará lo quieran o no; y, a pesar del trauma del nacimiento, descubrirán que después de todo estaban preparados para la nueva vida que los esperaba. La madre que los rodeó durante todos esos meses sin que ellos comprendieran realmente su presencia, está ahí, y lo sostiene en sus brazos. Y la ven cara a cara. Un mundo que nunca habían imaginado los aguarda.

Es natural temer a lo desconocido. Sin embargo, al acceder a la fuerza de la cual la mujer de Proverbios 31 es modelo para nosotras, podemos descubrir que nosotras también podemos afrontar el futuro con risa. El día de nuestra muerte será tan gozoso como el de nuestro nacimiento.

Jesús, sé que me esperas del otro lado de la puerta de la muerte. Espero verte cara a cara.

Un mundo de cambio

No solo la muerte a la que tememos nos aguarda en el futuro. Tenemos miedo de que también encierra otras muertes: la muerte de un valioso papel, de una amistad apreciada, de nuestra independencia, de nuestras esperanzas y sueños.

Vivimos en un mundo de cambio. Nada permanece igual, y por cada cosa nueva que se materializa, otra muere. Nuestra tendencia es aferrarnos a lo antiguo, a lo familiar. Odiamos soltar cosas.

Sin embargo, el mundo natural nos proporciona imágenes de resurrección que pueden ser lecciones para nuestro temeroso corazón. ¿Querríamos realmente que el verano no muriera nunca? Si siempre fuera verano, ¿no nos perderíamos los días frescos de color escarlata y dorado del otoño? ¿No nos perderíamos la tranquila pureza de la nieve recién caída que cae sobre un mundo durmiente? Conforme pasamos por esas pequeñas muertes anuales producidas por los cambios de estación, experimentamos cada año, de nuevo, la fresca vida de la primavera, el gozo de la resurrección de las margaritas, del canto de los petirrojos y los arroyos salvajes de hielo derretido.

Cuando Jesús triunfó sobre la muerte, no solo venció a la muerte física, sino a *toda* muerte. Nos mostró un camino para vivir libres de ese temor, porque Él mató a la muerte. En cada muerte, Jesús resucita. Nos muestra el camino de la resurrección: "Cuando lo corruptible se revista de lo incorruptible —escribe Pablo en su primera epístola a la iglesia de Corinto—, y lo mortal, de inmortalidad, entonces se cumplirá lo que está escrito: 'La muerte ha sido devorada por la victoria'" (1 Corintios 15:54 NVI).

Podríamos considerar por un momento: ¿Qué corre el peligro de morir en nuestras vidas? ¿Nuestro orgullo? ¿Nuestra felicidad? ¿El amor? ¿La confianza? Sea lo que sea, podemos afirmar la seguridad de que la muerte no tendrá nunca la última palabra. La primavera siempre seguirá incluso a los inviernos más fríos; y el poder de la resurrección no puede ser vencido jamás.

Leemos en Hebreos: "Debido a que los hijos de Dios son seres humanos —hechos de carne y sangre— el Hijo también se hizo de carne y sangre. Pues solo como ser humano podía morir y solo mediante la muerte podía quebrantar el poder del diablo, quien tenía el poder sobre la muerte (2:14 NTV). Jesús mismo experimentó la muerte; y después ganó la victoria sobre ella.

Por imposible que pueda parecer a veces, nosotras también podemos experimentar esta victoria. Leemos en el libro de Apocalipsis: "Benditos y santos son aquellos que forman parte de la primera resurrección, porque la segunda muerte no tiene ningún poder sobre ellos" (20:6 NTV). Cuando morimos a nosotras mismas, cuando nos rendimos a Cristo, siguiendo su modelo de vida y de amor, ya no tenemos por qué temer a la presencia de la muerte en nuestra vida. Nuestras ideas respecto a la naturaleza misma de la muerte —cualquier tipo de muerte— cambiarán. Seremos capaces de mirarla con una sonrisa en nuestro rostro.

Jesús, gracias por estar dispuesto a morir
para que yo no tenga que tener ya temor a la
presencia de la muerte. Cuando los temores me
asedien, recuérdame que fije mis ojos en ti.

Una nueva perspectiva

En los días anteriores a la muerte de mi padre, él solía decir con frecuencia: "¿Por qué debería tener miedo a morirme? Todo aquello a lo que temí en la vida resultó estar bien. Si la vida está tan llena de belleza, ¿por qué debería pensar que la muerte sería distinta? Dios no me ha fallado ni una sola vez en mi vida. ¿Por qué lo haría ahora?".

No muchas de nosotras tenemos esta perspectiva. En lugar de basar nuestras expectativas para el futuro en los gozos y las maravillas que ya nos hemos encontrado, esperamos que el futuro esté lleno de dolor. Imaginamos lo terrible que será. Nos preparamos para desastres incontables.

Sin embargo, la mayoría de esos desastres no ocurrirán jamás. Sí, todos acabaremos muriendo de una forma u otra, pero entre ese día y hoy existe un espacio que Dios ha llenado de bendiciones. Sí, tal vez muramos el año que viene en un accidente, pero tiene las mismas probabilidades de ocurrir en el futuro que ahora mismo. Y, a pesar de ello, sentimos como si porque podemos ver el momento presente, tenemos control sobre él (aunque por supuesto no lo tenemos), y que, al no poder ver el futuro, estamos fuera de control.

A los seres humanos no les gusta sentirse impotentes. Imaginamos que, al imaginar peligros futuros, de algún modo tendremos más control sobre ellos. En su lugar, al anticipar el dolor futuro (que quizás no sucederá jamás), permitimos que nos robe el gozo del momento presente. Estamos tan ocupadas con la tristeza y el dolor imaginarios que nos perdemos la comodidad y la seguridad que nos rodean hoy. ¡Nos amargamos la vida sin ninguna razón real!

La mujer de Proverbios 31 no le tenía miedo a lo desconocido. Su disposición a probar nuevas cosas puede haber sido una de las razones por las que podía reír al enfrentarse al futuro. Tenía práctica en aventurarse en lo desconocido y, como mi padre, basaba su confianza en el futuro sobre su experiencia en el pasado. Dios no le había fallado nunca, y sabía que no lo haría jamás. Segura en su amor, podía aceptar lo desconocido, y hasta gozarse en ello. Para ella, el futuro era una aventura. En lugar de esperar pérdida y dolor, podía reír y anticipar nuevos gozos.

El temor a lo desconocido es natural, y no tenemos por qué sentirnos culpables por ello. No hay necesidad de fingir que no existe ese temor ni intentar sacarlo de nuestra existencia. En su lugar, podemos considerarlo con sinceridad. Podemos aceptarlo y hasta aprender de él.

¡Dios no piensa que pecamos si nos preocupamos por el futuro! Pero sí anhela aliviarnos de esta pesada carga que arrastramos sin necesidad. "Porque yo sé muy bien los planes que tengo para ustedes" nos dice en el libro de Jeremías "planes de bienestar y no de calamidad, a fin de darles un futuro y una esperanza" (29:11 NVI). Si el Creador del universo tiene un plan para nuestra vida futura, ¿por qué no vamos a estar llenas de gozo?

Señor, te entrego mis temores sobre el futuro.
Gracias porque independientemente de lo que
encierre el futuro, puedo contar con tu continua
presencia y tus bendiciones en mi vida.

Puntos de inflexión

Me estoy enfrentando a un tiempo en mi vida en el que muchas de las cosas con las que he contado parecen haber acabado o estar llegando a su fin. Mis hijos están pasando a una etapa distinta de la vida en la que ya no me necesitan del mismo modo, y esto significa que mi identidad como madre ha cambiado. Una vieja amistad ha terminado de un modo doloroso, y se diría que no hay nada que yo pueda hacer para cambiarlo. Me encuentro en medio de un importante cambio profesional, y esto requiere un cambio en mi forma de entender mis funciones. Mis padres han muerto recientemente, y esto significa que mi identidad como hija suya parece haber desaparecido. Rodeada de tanto cambio, no estoy segura de lo que deparará el futuro. Ya, ¡ni siquiera estoy segura de mi propia identidad! Es como si me hallara en medio de una crisis... y lo estoy.

Sin embargo, los psicólogos nos indican que no *tenemos* que definir periodos de cambio drástico en nuestra vida como catástrofes, aun cuando puedan ser realmente crisis. La raíz griega del término para "crisis" significa "punto de inflexión". Cuando experimentamos importantes altibajos en nuestra vida, nos estamos enfrentando en verdad a un punto de inflexión. De hecho, estamos pasando por una transformación. Entramos a una nueva fase de nuestra vida. Significará que tenemos que soltar muchas cosas... pero esto también aportará nuevo crecimiento a nuestros corazones y nuestras almas.

Durante esas épocas de cambios, tal vez ya no sepamos cómo responder a preguntas cuyas respuestas solían producirse de forma automática, como por ejemplo:

¿Quién soy?

¿Cuál es mi propósito en la vida?

¿Qué necesito para sentirme satisfecha?

¿Qué me está pidiendo Dios?

Sin nuestras viejas respuestas familiares a estas interrogantes, dejamos de saber quiénes somos. Nos sentimos perdidas.

Estamos tentadas a salir corriendo y arrancar respuestas, cualquier respuesta, solo para poder recuperar nuestro asidero. Podríamos zambullirnos en un nuevo trabajo lo más parecido al antiguo que podamos encontrar. Si hemos perdido una relación importante, es posible que intentemos hallar otra parecida. No nos gusta la sensación de que algo fundamental falta en nuestra vida, de modo que procuramos re-crear el pasado. Por supuesto, no podemos, y nuestros intentos suelen ser desastrosos.

En su lugar, podemos escoger afrontar con curiosidad el futuro que vuela hacia nosotras. ¿Qué nos revelará nuestra nueva vida respecto a Dios, a nosotras mismas y a la vida? ¿Cómo se nos pedirá que crezcamos? ¿Con qué nuevas personas, lugares e ideas nos encontraremos?

Puedo imaginar la alegría en el rostro de la mujer de Proverbios 31 cuando se dirigía hacia los vientos salvajes del cambio. Su deleite en cualquier cosa que llegara era posible, porque confiaba en Aquel que conocía el secreto de su identidad más profunda, aun cuando ella lo desconocía.

Pablo nos dice en 1 Corintios 6:17: "Quien se une al Señor Jesús se hace un solo cuerpo espiritual con él" (RVA2015). Cuando el futuro amenaza con despojarnos de nuestra identidad actual, es posible que perdamos el equilibrio, pero nosotras también tendremos estabilidad interior si hemos unido nuestro ser más profundo a Cristo.

Nuestra "verdadera vida está escondida con Cristo en Dios" (Col. 3:3 NTV).

Amado Señor, ayúdame a acudir siempre a ti para hallar mi identidad. Dame la estabilidad interior que necesito para afrontar los cambios en mi vida. Esconde mi vida en ti.

Saca tiempo para la luz del sol

Cuando nos enfrentamos al futuro, lo único que vemos a veces ante nosotros son días grises. Con todas las responsabilidades y los problemas de la vida, es posible que nos sintamos inmaduras y superficiales para soñar siquiera con días soleados. La luz del sol es para los niños, pensamos; la vida adulta es *seria*.

Dios está ahí con nosotros en nuestras sombras, por supuesto; pero también hizo la luz del sol, y quiere compartirla con nosotros. Quiere que recordemos que incluso los inviernos más temibles y oscuros dan paso a la primavera. Y cuando sale el sol, ¡no quiere que nos lo perdamos! Nos llama a salir, a jugar, a reír, a volver a tener un corazón de niña. Nos grita: "Sal de tu oscura casa donde te has estado escondiendo y cavilando en tus preocupaciones. ¡Sal a jugar!".

Podemos descubrir que nos enfrentamos al futuro con un mayor sentido de gozo y curiosidad como los de un niño, cuando salimos literalmente al mundo exterior. A veces estamos tan ocupadas con nuestra vida interior sombría y adulta, que cuando por fin salimos nos sorprende descubrir que, después de todo, el sol brilla de verdad. Es necesario que nos tomemos esas pausas ocasionales; que saquemos tiempo para la luz del sol. La calidez del sol en nuestro rostro nos aportará una nueva sensación de bienestar y esperanza. El futuro ya no parecerá tan lúgubre.

El pesimismo —que solo espera que ocurran cosas malas— no es una forma correcta de mirar al mundo. El lado soleado de la vida es tan real y valioso como sus días grises. Dios tiene cosas que anhela compartir con nosotros bajo la luz del sol, y quiere vernos sonreír.

El mundo puede decirnos que tomarse tiempo para el placer, para la risa y el juego es una irresponsabilidad. Insiste en que tenemos que ser de algún modo *productivas*, cada minuto en que estamos despiertas. No tenemos tiempo para la clase de gozo que los niños dan por sentada. Independientemente de lo mucho que nos apresuremos, de lo ocupadas que estemos, del frenesí con el que pasamos de una tarea a otra, no podemos bloquearnos nunca. Y, mientras tanto, los años siguen pasando y vamos envejeciendo. Los minutos de nuestra vida son como monedas que se deslizan demasiado rápido entre nuestros dedos.

Sin embargo, no son los años los que nos envejecen, sino que nos hacemos mayores cuando las responsabilidades se ciernen durante más tiempo sobre nosotras que los gozos, cuando perdemos nuestro sentido del humor, cuando olvidamos cómo jugar. Estamos demasiado ocupadas para semejante locura... y nuestros corazones empiezan a arrugarse y nuestros hombros espirituales caen. El sol se esconde tras las nubes, y dondequiera que miramos solo vemos sombras grises.

Como seguidoras de Cristo podemos negarnos, sin embargo, a hacernos mayores. En su lugar, podemos buscar el deleite que la vida tiene para ofrecer, incluso en medio del dolor y de la aflicción. Podemos tomarnos tiempo para reír, para jugar, para regocijarnos en todo lo que Dios nos ha dado. El futuro ya no parecerá tan oscuro.

Una niña que lanza monedas a una fuente no se preocupa de estar malgastando el dinero. Solo sabe que se lo está pasando bien y, al hacerlo, propaga su gozo. Podemos hacer lo mismo con los placeres de la vida. No tenemos por qué preocuparnos por malgastar el tiempo. Este solo es uno de los regalos de Dios para nosotros, y no es necesario que nos asustemos de gastarlo. En vez de ello, podemos hacer un hueco en nuestras vidas para el deleite. Podemos tomarnos tiempo para sentarnos al sol, y sonreír mientras soñamos con el futuro.

Jesús, enséñame a jugar de nuevo. Aligera mi corazón.
Lléname de la gozosa curiosidad de una niña.

Mujeres de esperanza

En ocasiones parece más fácil afrontar el futuro con temor que con esperanza. Es como si nos preparáramos para lo peor, como si estuviéramos listas para ello. Pero Dios quiere que seamos mujeres de esperanza, no de temor.

Es más que natural temer a lo desconocido; sentimos angustia cuando nos enfrentamos al futuro. Las niñas de cuatro años suelen temerle al jardín de infancia; los niños le temen a veces a la adultez; y los adultos les temen a los cambios importantes de la vida como mudarse al otro lado del país, a un nuevo trabajo o a otras responsabilidades nuevas. Tememos a la vejez. Y la muerte es el temor supremo.

Sin embargo, cuando miramos en retrospectiva, por lo general descubrimos que cuando llega realmente el cambio que hemos temido, estamos preparadas para ello, y que nos aportó mayor libertad, mayor satisfacción y mayor felicidad de las que habíamos experimentado antes. La niña de ocho años no está preparada para las responsabilidades de la adultez, pero la de veintidós disfruta de ellas; y el nuevo trabajo o la nueva casa que nos llenaban de angustia traen consigo nuevas amistades y nuevos logros que nos hacen sentir realizadas como nunca habíamos imaginado. La vejez tiene sus propias recompensas, y la muerte, esa gran desconocida, nos conducirá a la presencia de Dios.

Suzanne Segertrom es una psicóloga que ha estudiado las diferencias entre las personas que afrontan el futuro con esperanza —los optimistas— y quienes lo hacen con temor: las pesimistas. Ha descubierto que los optimistas tienen a ocuparse de frente de los problemas. En lugar de apartarse, planean un curso de acción, buscan el consejo de los demás y se mantienen enfocados en las soluciones. Aun cuando no consiguen el buen resultado que esperaban, encuentran formas de aprender y crecer en la experiencia negativa. Como seguidoras de Cristo, durante los momentos difíciles tendremos el mismo consuelo que el salmista: "Nuestra alma espera en el Señor; él es nuestra ayuda y nuestro escudo" (Sal. 33:20 rva2015).

Los judíos ortodoxos suelen recitar esta oración con frecuencia como parte de sus cultos: "Creo con fe perfecta en la venida del Mesías; y aunque pueda demorarse, yo espero cada día su venida". A pesar de las generaciones de exilio y persecución, afirman esta esperanza, este estado de expectante preparación. Como seguidoras cristianas del Mesías, Jesucristo, tenemos razones para sentirnos confiadas. Podemos mirar al futuro con esperanza y expectación, entusiasmadas por lo que Dios hará por nosotras cada nuevo día. Podemos expresar con el salmista: "Miro a mis espaldas y estás ahí; luego miro adelante, y también estás: tu presencia tranquilizadora viene y va. Esto es demasiado maravilloso; ¡No lo puedo digerir!" (139:5-6 trad. lit. de la versión msg). Es tan maravilloso que podemos estallar en risas.

Señor de gozo, lléname de tu esperanza. Haz
que espere con alegre expectación cualquier cosa
que me reveles a continuación en mi vida.

PARTE XVI

Cuando habla, lo hace con sabiduría;
cuando instruye, lo hace con amor.
—Versículo 26 NVI

Palabras sabias

En este versículo vemos de nuevo la conexión que nuestra mujer tiene con la sabiduría. Esta guía sus palabras cuando habla. En el hebreo, el significado literal de este versículo es este: "Abre la boca en sabiduría y la enseñanza de bondad está en su lengua". Creo que tal vez esta es mi preferida de todas las descripciones que hemos leído de esta mujer. De verdad quiero ser como ella, sabia en mis palabras, enseñar bondad a todos aquellos con los que hablo.

Podemos tener un entendimiento algo velado de lo que es con exactitud la sabiduría. Sabemos que no es lo mismo que la inteligencia y que tampoco equivale al conocimiento. Es algo más profundo y diferente. La persona que carece tanto de inteligencia como de conocimiento todavía puede ser muy sabia.

El uso que la Biblia hace del término puede añadir a nuestra comprensión. Cuando Proverbios 24:3 nos dice: "Con sabiduría se construye la casa; con inteligencia se echan los cimientos" (NVI), podemos entender que la sabiduría es creativa y que su creatividad continúa después de que algo se haya iniciado y fortalecido la estructura. Otra implicación de este versículo podría ser que la sabiduría formará un refugio bajo el cual podemos morar seguras. En Eclesiastés 9:16 nos enteramos que la sabiduría es mejor que la fuerza. El apóstol Pablo alude a la sabiduría que es "misterio de Dios" (1 Corintios 2:7), y en Santiago 3:17 leemos: "En cambio, la sabiduría que desciende del cielo es ante todo pura, y además pacífica, bondadosa, dócil, llena de compasión y de buenos frutos, imparcial y sincera" (NVI). La sabiduría está estrechamente conectada, pues, con la bondad. Parece tener parte en común con el amor.

¿Qué significaría si enseñáramos bondad cada vez que abriéramos la boca? Dejaríamos de tratar mal a nuestros hijos o de quejarnos de nuestros maridos. No cotillearíamos de nuestras amigas (o nuestras enemigas). Seríamos sensibles a los sentimientos de los demás. Afirmaríamos a las personas que nos rodean, y les haríamos saber que son amadas y apreciadas. Nuestros hijos, quienes nos imitan tan a menudo, aprenderían a hablar del mismo modo. La bondad hacia sus amigos y hermanos se derramaría de su boca. Nuestros amigos empezarían por escoger una forma distinta de comunicación. La sabiduría y la bondad se extenderían desde nosotras en círculos cada vez más amplios.

Parece imposible. Sabes con qué facilidad caen de nuestros labios palabras incorrectas. Reconocemos cuánto placer nos produce el cotilleo. Resulta difícil de creer que pudiéramos formar nuevos hábitos al hablar. Aunque la intentáramos imitar lo mejor posible a la mujer de Proverbios 31, acabaríamos afirmando con Pablo: "Quiero hacer lo que es bueno, pero no lo hago. No quiero hacer lo que está mal, pero igual lo hago" (Ro. 7:19 NTV).

No somos personas perfectas. Nunca seremos del todo fuertes y maravillosas como la mujer de Proverbios 31. Sin embargo, esto no significa que no podamos intentar caminar en sus pisadas, alentadas e inspiradas por su ejemplo. Y, como Pablo, podemos consolarnos en que, aunque "me acompaña el mal", también podemos afirmar: "Porque en lo íntimo de mi ser me deleito en la ley de Dios" (Romanos 7:21-22 NVI).

Dios de amor, haz que pueda vivir tan cerca de ti que absorba tu sabiduría y tu bondad; y, después, que no tenga que esforzarme tanto por guardar mi lengua, porque la sabiduría y la bondad saldrán naturalmente de mí cuando hablo.

El poder de una palabra

Las palabras tienen gran poder. En Génesis. Dios habló y
el mundo existió, y nosotras también tenemos el poder de
moldear el mundo con nuestras palabras. Podemos usar
palabras para sanar o para dañar. Frederick Buechner escribió:
"En hebreo, la palabra *dabar* significa a la vez palabra y hecho.
Una palabra no dice meramente algo, también actúa. Hace
que algo exista. Hace que algo suceda". Nuestras palabras
también tienen el poder de hacer que ocurran cosas.

Podemos usar palabras para destruir nuestro sentido de
quiénes somos cuando volvemos a decirnos: "No soy más que
un fracaso. Nunca lo conseguiré". Cuando gritamos palabras
poco amables a nuestros maridos, dañamos su corazón y su
confianza. Si pronunciamos palabras impacientes a nuestros
hijos, podemos perjudicar los conceptos que tengan de
sí mismos. Bill Gillham escribió: "Verbalizarle a un niño
que es estúpido, feo, torpe o descoordinado, perezoso...
etc. le proporciona sólidas pruebas de que, en realidad, *es*
un perdedor". Si a una niña se le dice con frecuencia que
es perezosa, creerá que es una descripción exacta de su
identidad. Finalmente, lo que ella cree ser será aquello en
lo que se convierta. Proverbios 23:7 nos dice que lo que
una persona piensa en su corazón, es lo que ella es. Nuestras
palabras ayudan a creer la realidad misma de la que nos
hemos estado quejando. Tal vez no digamos cosas profanas
ni emitamos palabras groseras, pero en realidad podemos
estar hablando maldiciones cuando hablamos.

Frederic Buechner escribió: "Las palabras que se
pronuncian en amor profundo u odio profundo, ponen
cosas en marcha en el corazón humano que nunca pueden

revertirse". Así como podemos usar nuestras palabras para destruir y dañar, las palabras de amor tienen el poder de construir y sanar. Decirnos palabras de esperanza a nosotras mismas nos harán sentir más esperanzadas. Cuando nos decimos: "Inténtalo. Aunque fracases, no será el fin del mundo; y tal vez tengas éxito", nos empoderamos a probar cosas nuevas. Nuestras palabras alientan nuestro corazón. Cuando les decimos a nuestros maridos e hijos que los amamos, y cuando les hablamos con bondad y respeto, cada vez son más seguros y confiados. Son capaces de tratar a los demás con mayor bondad también, y tener la fuerza necesaria para afrontar los retos de su vida. Ahora estamos hablando de bendiciones y no de maldiciones.

La Biblia se toma muy en serio la calidad de nuestro discurso: "El charlatán hiere con la lengua como con una espada" afirma Proverbios 12:18 "pero la lengua del sabio brinda alivio" (NVI). Proverbios 15:4 nos indica: "La lengua que brinda alivio es árbol de vida; la lengua insidiosa deprime el espíritu" (NVI). "Ninguna palabra corrompida salga de vuestra boca", escribió Pablo a los efesios, "¡sino la que sea buena para la necesaria edificación, a fin de dar gracia a los oyentes! (4:29 RVR1960). Por el contrario, que sus palabras contribuyan a la necesaria edificación y sean de bendición para quienes escuchan. "El que refrena su boca y su lengua se libra de muchas angustias", se nos señala en Proverbios 21:23 (NVI).

El desafío a cuidar nuestras palabras es algo que debemos tomar en serio. Tenemos que luchar a diario por ser como la mujer de Proverbios 31, y hablar solo palabras de sabiduría y bondad.

Señor, recuérdame que use mis palabras
para bendecir y no para maldecir.

Verdad y amor

El apóstol Pablo escribió que, cuando alcanzamos "la plena estatura de Cristo... ya no seremos niños, zarandeados por las olas... Más bien, al vivir la verdad con amor, creceremos hasta ser en todo como aquel que es la cabeza, es decir, Cristo" (Efesios 4:13-14 NVI). Este versículo habla de la misma estabilidad interior que vimos anteriormente en la mujer de Proverbios 31. La presencia de Cristo en el núcleo central mismo de nuestro ser actúa como el giroscopio dentro de un barco: proporciona equilibrio incluso cuando las olas de la vida —incluidos los cambios que llegan con el paso del tiempo— son salvajes y tormentosas. Este versículo de Efesios también deja clara la conexión entre el equilibrio espiritual profundo y nuestra capacidad de hablar con sabiduría y amabilidad (a lo que Pablo alude como "decir la verdad en amor").

Decir la verdad en amor no es algo que se produzca siempre de manera natural en la mayoría de nosotras. Requiere disciplina y práctica; esta última hace que todas las cosas surjan con mayor facilidad. Se convertirá en un hábito que nos costará menos seguir que cuando intentamos conductas nuevas y poco familiares. La repetición produce destreza.

Sin embargo, en última instancia la capacidad de vivir de forma coherente la verdad en amor, sabiduría y bondad no procede de la habilidad, sino de la motivación. Cuando estamos llenas de resentimiento o de envidia, resulta mucho más difícil hablar amorosamente. Cuando el egoísmo está extendido en nuestro interior, lo más probable es que hablemos desde el deseo de manipular o herir.

Nuestras palabras tienden a reflejar lo que tenemos dentro. Necesitamos la presencia interna de Cristo.

Sin embargo, al mismo tiempo, cuanto más hablemos en amor, más moldeará este el interior de nuestro corazón. Como ya hemos señalado, nuestras palabras tienen el poder de moldear la realidad; pueden hacer que las cosas ocurran, incluso dentro de nuestro propio ser.

Esto no significa que digamos una cosa cuando pensamos otra, motivadas por el deseo de engañar o manipular. No estamos fingiendo ser lo que no somos, con el fin de impresionar a los demás. Sin embargo, podemos escoger comprometernos a amar a pesar de las mareas cambiantes de la emoción dentro de nuestros corazones. Podemos decidir usar nuestras palabras para sanar y afirmar, y no como armas para herir o para adquirir poder. Esto exige un compromiso no emocional y discernidor con la verdad y el amor, independientemente de cómo nos *sintamos*. Significa decir: "Escojo amar, aunque esté enojada. Escojo la verdad, aunque me cueste. Escojo la bondad, aun cuando estoy cansada e irritable. Escojo la sabiduría aun cuando estoy agotada y confusa".

Hablar con amabilidad y amor tampoco significa que siempre acariciemos el ego de los demás. Muchas de nosotras queremos agradar a todo el mundo, y odiamos incomodar de la forma que sea. Sin embargo, a veces la verdad en amor puede no ser fácil de escuchar. Una vez más, debemos considerar cuidadosamente nuestras motivaciones. ¿Odiamos disgustar con la verdad, porque *nos* disgusta a nosotras? Si este es el caso, entonces nos motiva más el egoísmo que la compasión. ¿Estamos confrontando a alguien por amor genuino? ¿O tenemos un motivo oculto (tal vez incluso escondido de nuestra propia consciencia) que espera dejar a alguien en una mala posición, mientras nosotros damos una buena impresión? Como aconsejó Jesús, tal vez necesitemos quitar la viga de nuestros propios ojos antes de poder actuar sobre las motas en los ojos de nuestra amiga (Lucas 6:42).

Ayúdame, Jesús, a hablar con tu amor, incluso cuando me resulte difícil. Dame sabiduría para discernir las palabras correctas que debo pronunciar. Vive en mí, te lo ruego, para que puedas hablar a través de mí.

Un significado más profundo

Con frecuencia no nos tomamos nuestro discurso con la suficiente seriedad. Descartamos el cotilleo como un pequeño hábito comprensible. Muchas de nosotras decimos pequeñas mentiras de forma automática, como forma de suavizar situaciones sociales. Cuando estamos enojadas, nos sentimos justificadas y usamos palabras malsonantes para desahogar nuestros sentimientos.

Las culturas de la historia humana temprana —culturas que solemos considerar más "primitivas"— tenían una mejor comprensión del poder de las palabras. La creencia en "hechizos" no se basaba en un tipo de magia del Mundo Disney que pudiéramos imaginar, sino en el poder real mismo de usar palabras para maldecir o bendecir. En un tiempo, saber el verdadero nombre de la persona era tener poder sobre ella, porque los nombres —las palabras— no solo tenían el poder de identificarlo, sino de revelar un significado más profundo.

La historia judía incluye esta perspectiva sobre los nombres. El poder de los nombres es un hilo que recorre todo el Antiguo Testamento, empezando por el Génesis donde, después de crear a los animales salvajes y a las aves, Dios "los llevó al hombre para ver qué nombre les podría. El hombre les puso nombre a todos los seres vivos, y con ese nombre se les conoce" (2:19 NVI). Cuando Dios le cambió el nombre a Abram por el de Abraham, y a Sarai por Sara (Génesis 17:5-15), demostró que los nombres eran importantes para el significado de la identidad de la persona. Un judío del siglo XX, Elie Wiesel, dijo lo siguiente respecto a los nombres: "En la historia judía, el nombre tiene su propia historia y su propia memoria: conecta a los seres humanos con sus orígenes".

En el Nuevo Testamento, los nombres siguen siendo claramente importantes. Jesús le atribuyó a su discípulo Simón el nombre de Pedro. El significado del nuevo nombre era "roca", y esto sería importante para la identidad de aquel hombre en el seno de la iglesia. Cuando Saulo se convirtió en una nueva persona en Cristo, su nombre cambió a Pablo; el hombre que había sido conocido como perseguidor de los cristianos tenía ahora una identidad totalmente nueva como apóstol y líder de la iglesia.

Lo que es interesante es que los nombres tienen, en ocasiones, poder para producir nuevas facetas en el ser de la persona. Cuando Jesús cambió el nombre de Simón por el de Pedro, este discípulo no era todavía como una roca. Permitió que la circunstancia y el miedo lo llevaran a negar a su Señor. Y, sin embargo, Jesús vio en Pedro algo más profundo y verdadero que su conducta externa. Al afirmar lo que vio, Jesús ayudó a que Pedro que convirtiera en algo más, su nuevo nombre lo ayudó a descubrir la persona que Dios siempre quiso que fuera.

Los nombres y poner nombres era importante para la autora de literatura infantil Madeleine L'Engle. Ella describe el "poner nombre" como el poder de revelar y, a la vez, crear identidad. Describió a las fuerzas del mal de la forma siguiente: "La guerra y el odio son su negocio, y una de sus principales armas es el anonimato, hacer que las personas no sepan quiénes son. Si alguien sabe quién es, si lo sabe de verdad, entonces no necesita odiar". Este concepto de poner nombres tiene mucho en común con las palabras de sabiduría y bondad de la mujer de Proverbios 31.

¿A qué le ponemos nombre en nuestra vida? ¿Estamos usando nuestras palabras para trabajar mano a mano con la misión de Dios para revelar amor por medio de su creación? ¿O hacemos que nuestras palabras "no den nombre", que perjudiquen la consciencia que otros tienen de la presencia de Dios en sus vidas? Esta es una pregunta importante que necesitamos considerar en serio cada día. Incluso podríamos querer empezar a convertir en una práctica el dudar antes de hablar, para asegurarnos de que las palabras que están a punto de salir sean palabras de verdad y amor. Como escribe Santiago: "Todos deben estar listos para escuchar, y ser lentos para hablar y para enojarse" (1:19 NVI).

Ayúdame, Señor, a poner guardia sobre mi lengua.
Haz que use siempre mis palabras para afirmar
tu amor, tu verdad, tu sabiduría y tu bondad.

PARTE XVII

Está atenta a la marcha de su hogar,
y el pan que come no es fruto del ocio.
—Versículo 27 nvi

Trabajo eficaz

A estas alturas, ¡ya sabemos que nuestra amiga no es perezosa! Por tanto, no es de sorprender que "el pan que come no [sea] el fruto del ocio". No muchas de nosotras tenemos el lujo de comer ese pan, así que puede resultar tentador saltarse este versículo, y pensar para nosotras ¡Bueno, al menos esto lo tengo cubierto! Probablemente nos sentiremos un poco resentidas si alguien sugiriera que tenemos que considerar este versículo con un poco más de cuidado: "¿Qué más puedo hacer?", podríamos preguntar.

Sin embargo, en realidad podría ser necesario reconsiderar lo que dice de verdad este versículo. Evitar la ociosidad *no* es lo mismo que trabajar constantemente. En su lugar, "comer el fruto del ocio" significa que permitimos que el tiempo se consuma de forma improductiva. ¡Y todas hemos sido culpables de esto!

Cuando miramos a Dios, vemos el modelo divino del trabajo eficaz, y la Biblia deja claro que esto incluye el descanso. Hebreos 4:10 nos indica: "Porque el que entra en el reposo de Dios descansa también de sus obras, así como Dios descansó de las suyas" (4:10 NVI).

Entrar en el reposo de Dios significa que tomamos tiempo para permitirle que restaure y refresque nuestra mente, cuerpo y alma. No significa que estemos "perdiendo el tiempo", porque este tiempo de renovación es fundamental para un trabajo eficaz. Y, lo que es más, cuando entramos en el reposo de Dios, también podemos adentrarnos en la corriente de su obra continua de creación.

Esto elimina gran parte del esfuerzo agotador que nuestra vida parece exigir. Podríamos imaginar que, en lugar de fatigarnos y competir contra las corrientes contrarias de la vida, somos como un barco que flota en el flujo de la obra de Dios que Él ya ha puesto en marcha. Estamos en una corriente de poder creador mayor que cualquier cosa que pudiéramos producir jamás por nosotras mismas.

Y, dentro de esta corriente, podemos trabajar y descansar. Ya no tenemos que estresarnos sabiendo que nuestra propia fuerza no equivale a las tareas que nos imponemos. En su lugar, podemos confiar en que el río nos lleve, incluso cuando estamos descansando. Aprendemos a confiar en la fuerza de Dios y no en la nuestra. Dejamos que la energía divina obre por medio de nosotros.

Ahora, cuando tomemos tiempo para descansar, no tiene nada que ver con estar ociosas, una palabra que significa "vacío, inútil", porque este es un tiempo valioso, lleno de significado. En realidad, si consideramos nuestro trabajo con este significado en mente, es posible que tengamos que admitir que en realidad estamos "comiendo un pan fruto de la ociosidad", ya que al menos parte de nuestro ajetreo consigue muy poco. Si pensamos cuando el motor de un auto está en ralentí, podríamos ampliar un poco más nuestra comprensión: según el Diccionario Oxford, un motor en ralentí "funciona lenta y constantemente sin transmitir potencia". Si somos sinceras, ¿no hay días en los que corremos como locas y no transmitimos poder?

El pan de ociosidad es, en verdad, comida basura. Es la clase de comida que parece atractiva, pero que nos nutre muy poco; no nos proporciona la salud ni la fuerza, ni la energía que necesitamos para la obra de Dios.

Señor Jesús, haz que mi tiempo sea tu tiempo y, mi obra tu obra. Permíteme descansar en el flujo de tu ilimitada energía creativa. Haz que no intente sustentar mis esfuerzos con la ociosidad.

Somos suyas

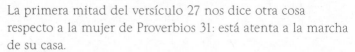

La primera mitad del versículo 27 nos dice otra cosa respecto a la mujer de Proverbios 31: está atenta a la marcha de su casa.

Y nosotras también... pero no es fácil. Tenemos tantas responsabilidades. Somos amas de casa, lavanderas, decoradoras de interior, consejeras, confidentes, enfermeras, cocineras, amigas, chóferes, costureras, hijas, fabricantes de disfraces, bibliotecarias, voluntarias, secretarias, manicuras, compradoras, disciplinarias, vecinas, árbitros... y la lista sigue y sigue. Cada una de estas funciones es como otra pelota con la que hacemos malabares, e intentamos mantenerlas todas en movimiento suavemente en el aire, sin dejar caer ninguna.

Nuestras responsabilidades son, con frecuencia, abrumadoras, y nuestra relación con Dios parece a veces una cosa más con la que intentamos mantener en el aire cuando todas esas pelotas que nos rodean se tambalean y saltan. En nuestra mente, pasar tiempo con Dios pasa a la lista de cosas que se nos resisten como mantener una rutina de ejercicio o hacer un esfuerzo por mantener una dieta más sana: hay cosas que *deberíamos* hacer y sabemos que si las hiciéramos nos sentiríamos mejor, pero estamos demasiado ocupadas.

Como madres modernas tenemos unas cuantas pelotas más que la mujer de Proverbios 31 con las que hacer malabares. Ciertamente tenemos que ocuparnos de más cosas que la mayoría de nuestras madres, nuestras abuelas y nuestras bisabuelas, cosas como una profesión, "tiempo de calidad" con nuestros hijos y la responsabilidad de unos padres que se hacen mayores y que pueden vivir a unas cuantas horas de ti, y no a la vuelta de la esquina. Pero las mujeres han sido malabaristas a lo largo de los siglos, y ocuparse de una familia siempre ha sido una tarea agotadora y exigente. (¡Piensa en un mundo sin supermercados, bolsas de plástico, aspiradoras o refrigeradores!)

Uno de mis recuerdos más tempranos de mi madre es oír cómo su madre le preguntaba a su pastor: "¿Cómo puede una mujer con cuatro niños pequeños y una casa de la que ocuparse encontrar tiempo para orar?". A mi abuela siempre la consideraron una "santa", así que mi madre recuerda haberse sorprendido cuando percibía un enojo y una frustración genuinos en su voz. Y cuando el pastor fue incapaz de hallar una respuesta para ella, mi abuela se dio la vuelta con los ojos llenos de lágrimas. Recuerdo bien a mi abuela: ¡realmente quería ser perfecta!

Esta historia sucedió hace sesenta años. Pero como esposa y madre cristiana, puedo identificarme hoy con la frustración y la culpa de mi abuela. Ahora más que nunca pienso en que las madres (y, en particular las madres cristianas) se sienten llamadas a cumplir nuestras muchas funciones con santa perfección; y cuando no podemos mantener todas estas pelotas suave y perfectamente en el aire, sentimos que hemos fracasado, no solo en lo físico, sino también en lo espiritual. Y a ninguna nos gusta el fracaso.

Pero Dios usa incluso nuestros fallos. Él no nos llama a ser perfectas; sencillamente nos llama a ser *suyas*.

Amoroso Dios, cuando he dejado caer todas las pelotas de mi vida, recuérdame que tu amor nunca es condicional. Tú me amas de igual manera cuando me siento una fracasada. A tus ojos, ¡ya soy perfecta!

Ir y venir

Las palabras hebreas del versículo 27 tienen este sentido literal "Mantiene una cuidadosa vigilancia —como un guardián o un centinela— sobre las idas y venidas de su casa".

¡Las madres modernas realizan exactamente el mismo trabajo! Hacemos un seguimiento de las apretadas agendas de nuestra familia. Nos aseguramos de que todos estén puntuales donde se supone que tienen que estar. Los mantenemos en línea, hacemos todo lo que podemos para asegurarnos de que cada miembro de la familia tenga lo que necesite: la ropa correcta, el calzado, la comida, los deberes, permisos y arreglos de transporte para ir y venir.

No tenemos modo alguno de saber con exactitud cómo dirigía la mujer de Proverbios 31 a su ocupada familia, pero los expertos en gestión del tiempo en la familia sugieren hoy varios trucos que facilitarán un poco esta enorme responsabilidad. Aquí tienes uno: mantén organizados los horarios separados de tu familia. Para ello, necesitas un gran almanaque con mucho espacio donde anotar las citas y los compromisos de cada miembro. Podrías usar un calendario en tu teléfono o tu computadora, pero es mucho mejor uno grande de papel o en una pizarra blanca que se pueda colgar en la cocina o en algún otro lugar. Es aconsejable que alientes a los demás de la familia a consultar ellos mismos el calendario tan a menudo como sea posible, para que puedan empezar a asumir parte de la responsabilidad de recordar dónde se supone que deben estar en cada momento.

No intentes llevar calendarios separados para cada miembro de la familia; el horario de cada persona necesita realmente combinar con el de los demás. De otro modo podrías pasar por alto que el día en que tu marido ha prometido recoger a los niños de la escuela resulta ser el mismo día de su cita con el dentista. O podrías olvidar que el picnic especial que aparece en el horario escolar de tu hija requiere tu presencia, y eso significa que no será un buen día para tener una reunión con tu equipo en el trabajo.

Para facilitar que cada persona detecte su propio horario, usa una pluma o un marcador de distinto color para cada uno, pero alienta a los miembros de la familia a no *solo* prestar atención a sus propios horarios. Tu familia funcionará con mayor suavidad si todos ustedes tienen cierta consciencia de dónde pueden esperar que los demás estén al mismo tiempo.

A continuación, necesitas adquirir la costumbre de anotar *de inmediato* en el calendario (antes de olvidarse) *todo* lo que vaya surgiendo y que tenga una hora específica o un plazo. Esto incluirá las cosas obvias como vacaciones escolares, cumpleaños, partidos, recitales, citas médicas y vacaciones. A esto añadirás citas de negocio, grandes asignaciones de tareas domésticas, plazos de entrega de proyectos, reuniones familiares y compromisos con la iglesia.

Al realizar tu calendario, considera orar con el salmista: "En tus manos están mis tiempos" (Sal. 31:15 RVR1960).

Amado Jesús, sabes lo ajetreada que está mi familia. Ayúdame a vigilar nuestras idas y venidas con sabiduría y amor. Mantenme organizada, te lo ruego.

Gestión del tiempo

Los expertos en gestión del tiempo tienen más buenos consejos que nos ayuden a supervisar los ajetreados horarios de nuestras familias con toda la sabiduría y la eficiencia de la mujer de Proverbios 31. Aquí tienes otra pista: antes de añadir algo nuevo a tu calendario familiar, echa un cuidadoso vistazo a lo que ya figura en él. Planificar con antelación los frenéticos días puede aliviar parte del estrés que acompaña a la gestión del horario familiar. Si estás planeando una reunión familiar, es necesario que, por ejemplo, tomes en consideración el gran proyecto de trabajo que te estará absorbiendo mucha cantidad de tu tiempo y de tu energía; entonces podrás organizarte en torno a ello, en lugar de prepararte para una semana agotadora de hacer malabares con el trabajo de oficina, las compras en el supermercado, limpieza adicional de la casa y más cocina. No siempre tenemos control en la forma en que las cosas se amontonan en un mismo día. Es posible que tu jefe te ponga un plazo de entrega en la misma semana en que tus hijos van a necesitar ayuda adicional para sus exámenes finales; la escuela bíblica de vacaciones en la que prometiste enseñar puede haberse reprogramado para la semana en que tu marido tiene que estar fuera de la ciudad y tu hijo tenga campamento de beisbol todos los días, en el otro extremo de la ciudad. Algunos conflictos de horarios se pueden evitar, sin embargo, y hasta aquellos que no se puedan eludir también parecerán un poco menos estresantes si los hemos planificado antes de tiempo. Si necesitas dejar un poco de tiempo libre en el calendario familiar, evalúa primero las prioridades. Considera la importancia de ciertos acontecimientos para las personas implicadas, y cualquier coste (monetario o emocional) que pueda resultar de la cancelación.

Convierte en una costumbre diaria el comprobar tu calendario por la mañana. En medio de las prisas por prepararse para el día siguiente, resulta fácil olvidar los acontecimientos y las citas extraescolares. Acostúmbrate también a tomarte unos pocos minutos los fines de semana para considerar la semana que tienes por delante. Si ves que se presenta un día sobre cargado, tendrás más tiempo para cambiar actividades u organizar el uso compartido del auto o de niñeras. Cuando dejamos la planificación para el último momento, o nos vemos sorprendidas, porque olvidamos algo, acabamos más estresadas.

Dios nos ha llamado a ser administradoras de su creación. Con frecuencia aplicamos esta idea a nuestros asuntos financieros, pero a veces olvidamos que esa administración también tiene que ver con nuestro tiempo. En realidad, el sentido literal del término griego suele traducirse en nuestras Biblias como "mayordomía" es, en realidad, "administración de los asuntos domésticos". Administrar una casa siempre requerirá que pensemos en el tiempo. Mantener la agenda familiar organizada puede no parecer una tarea particularmente espiritual y, sin embargo, Dios nos ha llamado a ella.

Aparte de esto, administrar nuestro tiempo con mayor suavidad disminuye los niveles de estrés y añade paz a la vida de nuestra familia. ¡Y esto siempre es bueno!

Dios, te pido que seas el Señor de mis días en familia. Te pido que estés con nosotros cada hora, cada minuto. Te encomiendo nuestro tiempo.

Pide ayuda

Por mucho que queramos ser tan competente como la mujer de Proverbios 31, hay veces en que todas las muchas piezas de nuestra familia parecen deslizarse entre nuestros dedos. Cuando esto sucede, hay otras estrategias que quizás necesitamos considerar.

Tal vez sea necesario pedir ayuda. Tenemos que soltar el falso orgullo que quiere impresionar a los demás con nuestra perfección. ¡Está bien admitir que no tenemos las cosas por completo bajo control! La mayoría de nuestras amigas y familias lo entenderán; hasta la persona más organizada miente si afirma que nunca se ve abrumada por las exigencias de su vida. Como cuerpo de Cristo, se supone que debemos ofrecer ayuda a los demás miembros del cuerpo. Mientras la agenda de un miembro está tan llena que apenas puede respirar, otro puede encontrarse en un momento de su vida en el que tiene tiempo que prestar. Tu turno de ayudar venga quizás más adelante. Todo tiene que ver con formar parte de la red del cuerpo de dar y recibir.

Otras cuantas estrategias en la administración de la familia puede también ayudarnos: no esperes cosas de ti misma de forma automática, que no esperarías en ningún otro miembro de la familia. A la hora de organizar el calendario familiar, es necesario que consideremos quién es responsable de realizar qué cosa. ¿Te estás encargando tú de hacer todos los trayectos mientras que otra persona (con permiso de conducir) tiene más tiempo libre en su agenda al mismo tiempo? Si te viene un gran proyecto en la misma semana que prometiste enviar galletas a la escuela con tu hijo, ¿es él lo bastante mayor como para intentar hornear sus propias galletas? O, en lugar de que te pases una noche horneando, ¿podría tu esposo comprar algo en el supermercado o en la panadería?

Evalúa tus recursos y establece una estrategia respecto a las formas de utilizarlas con eficiencia. Si la hija de tu vecina está en el mismo equipo de fútbol que la tuya, tal vez podrías intercambiar días de transporte colectivo. Si tus padres viven cerca y te insinúan que les gustaría pasar más tiempo con sus nietos, ¿estarían dispuestos a venir y quedarse una tarde a la semana con ellos, para que tú puedas tomarte tiempo para una clase de ejercicio? En caso de que surja una emergencia cuando tú y tu esposo no estén realmente disponibles, ¿tienes una amiga de reserva?

Sé realista. Cuando administres la agenda familiar, recuerda que un día solo tiene veinticuatro horas. Si metes demasiadas actividades y compromisos *cada* día, estarás añadiendo un estrés innecesario a la vida de todos. Los entrenamientos extraescolares deportivos, las clases de ballet, los Scouts, y los ensayos de la banda pueden parecer cosas realmente buenas, pero es imposible hacerlo todo Enseña a tus hijos a priorizar. Conversa con ellos sobre aquello con lo que más disfrutan; y aquello con lo que se serían capaces de comprometerse a largo plazo.

Programa tiempo libre, tanto para ti como para tu familia en conjunto. Cuando tienen tiempo de relajarse juntos, las relaciones se nutren. E intenta asegurarte de cenar juntos más noches. La comunicación —ese tipo de conversación que tiene lugar en torno a la mesa de la cena— es crucial para la paz y el amor de tu familia.

Y recuerda la sabiduría que John Lennon aprendió al final: "La vida es lo que sucede cuando tú estás ocupado haciendo otros planes". Ten disposición a tirar tu programa por la ventana si es lo que pide el amor. ¡Las necesidades de tus hijos y tu marido —y las tuyas— son a veces más importante que llegar a tiempo!

Señor, dame la sabiduría de saber lo que es verdaderamente importante en la vida de mi familia, y después dame la disciplina de establecer nuestras prioridades en consonancia. Haz que nuestro amor por ti y entre nosotros siempre tenga el primer lugar.

Él te llevará

La mujer de Proverbios 31 hace que su ajetreada y eficiente vida parezca fácil. Sin embargo, nadie podría tener tanto éxito —profesional y espiritual como madre y esposa— sin recursos que respalden sus propios talentos y capacidades. No podría haber tenido su confianza y su fuerza sin el apoyo de la fe.

A una amiga mía le gusta contar la historia de una anciana a quien se le preguntó después de su primer vuelo en avión: "¿Qué tal fue?".

Suspiró agotada, y tuvo que agarrarse al brazo de la persona que le hablaba para no caerse. "Estuvo bien", respondió. "Pero ahora estoy exhausta".

"¿Por qué?", le preguntó su amiga. "¿No has podido dormir durante el vuelo?".

"¡Por supuesto que no!", espetó la señora. "No me atreví en ningún momento a dejar reposar todo mi peso en el asiento".

Obviamente, el avión había llevado a la mujer desde el punto A al punto B, pero ella llegó innecesariamente agotada. El avión era perfectamente capaz de transportarla sin esfuerzo alguno de su parte. En realidad, su afán no sirvió absolutamente de nada: no añadió la más mínima ayuda a la potencia de los motores del avión. Ella podría haberse relajado simplemente y disfrutado del vuelo.

Como mujeres, con frecuencia tenemos la misma actitud hacia nuestras vidas. NO confiamos en la capacidad de Dios para llevar a nuestras familias y a nosotras mismas. Pensamos que tenemos que hacerlo nosotras por él.

La metáfora solo llega hasta aquí, por supuesto. Dios espera que usemos nuestros talentos y capacidades; Él obra a través de nuestro trabajo. Sin embargo, a otro nivel, todas necesitamos entender que incluso cuando nuestros esfuerzos parecen fallar, él sigue llevándonos adelante. Es necesario que recordemos que Jesús nos dijo: "Vengan a mí todos los que están cansados y llevan cargas pesadas, y yo les daré descanso" (Mt. 11:28 NTV). Podemos venir a Dios y entregarle todas nuestras preocupaciones e inquietudes, sabiendo que a Él le importan de verdad los acontecimientos de nuestras vidas. (1 Pedro 5:7). No necesitamos ser como el pueblo de Dios que rechazó su ayuda en Isaías, de manera que Él les dijo: "Esto dice el Señor Soberano, el Santo de Israel: «Ustedes se salvarán solo si regresan a mí y descansan en mí. En la tranquilidad y en la confianza está su fortaleza; pero no quisieron saber nada de esto" (30:15 NTV).

Otras traducciones de la Biblia usan el término *arrepentimiento* en este versículo de Isaías, en lugar de "regresar a mí". Con frecuencia relacionamos el arrepentimiento con pecados "más graves" que intentar hacer las cosas por nosotras mismas, pero Dios quiere reajustar nuestra forma de pensar. Él quiere que acudamos a Él incluso en los detalles más pequeños de nuestras vidas. Él anhela llevarnos.

Gracias, Señor del cielo y de la tierra, porque
tú me estás llevando. Si tú puedes mantener el
curso de las estrellas, sé que puedo confiar en ti
con los detalles de la vida de mi familia.

PARTE XVIII

Sus hijos se levantan y la bendicen.
Su marido la alaba:
«Hay muchas mujeres virtuosas y capaces en el mundo,
¡pero tú las superas a todas!».
—Versículos 28-29 nvi

Practica la oración

La familia de la mujer de Proverbios 31 puede haber dado por sentadas la eficiencia y la fuerza en algunos momentos, pero al final, se dieron cuenta de todo lo que ella hizo por ellos. Apreciaron quién era ella y todas las formas en que ella los bendecía.

Aunque algunos días podamos sentir que hemos estado esperando mucho tiempo para que nuestra familia entienda todo lo que hacemos. ¡Hace mucho que nadie nos llama bendecidas! Es difícil no sentirse usadas e ignoradas, y nuestro corazón puede rebosar de dolor.

Cuando esto ocurre, podríamos intentar orar en lugar de quejarnos. En mi caso, cuando oro por mi familia con regularidad, cambio. Tal vez es que la oración abre la puerta para que Dios entre en mi hogar, y cuando lo hace, pone su mano creativa en todos los distintos ámbitos de la vida de nuestra familia. O quizás sea porque la oración me permite apartar mi atención de mis propias necesidades.

A veces traigo mi dolor y mi resentimiento a Dios, y descubro que mi vida familiar funciona mucho mejor cuando cargo esos sentimientos en los hombros de Dios y no en los de mi marido o mis hijos. Puedo ser completamente sincera con Dios, expresar lo enojada que estoy y, sin embargo, poco a poco, conforme oro, veo que mi corazón se va aliviando.

Empiezo a ver las cosas desde la perspectiva de mi marido, y también desde la mía; entiendo un poco mejor a mis hijos. Cuando suelto al menos parte de mi enojo, puedo ver a mi familia con mayor claridad. Puedo mirarlos con los ojos del amor, y reconocer sus necesidades.

A medida que veo con mayor claridad las necesidades de los miembros de mi familia, podemos entregárselas también a Dios. En vez de preocuparnos y enfadarnos con ellos, intentando ver cómo podemos resolver las cosas, podemos soltar esas necesidades en las manos de Dios, sabiendo que sus manos son lo suficientemente grandes para sostenerlas. Cuando actuamos así, estamos libres de experimentar la paz que Dios quiere darnos.

Cuando practicamos también la oración por los miembros de nuestra familia, con corazones agradecidos, expresamos nuestro gozo y gratitud por cada uno de ellos, descubriremos que somos más conscientes de sus necesidades y nos sentimos menos enfocadas en sus quejas.

Jesús se revela a nosotros por medio de nuestras familias, porque forman parte de su cuerpo en la tierra. Sus manos y sus sonrisas, sus voces y sus sucios piececitos, nos traen a Jesús; y tenemos la oportunidad y el privilegio de volverles a entregar a Jesús con nuestras propias manos y voces, con cada pequeña cosa que hacemos por ellos, por pequeña que sea.

Dios no nos pide que seamos esclavas pisoteadas. Cuando decimos la verdad en amor, es posible que tengamos que confrontar a miembros de la familia que no nos están tratando con el respeto o la consideración que merecemos. Pero podemos pedirle a Dios que nos dé la sabiduría para tratar esas preocupaciones con amabilidad.

La palabra *humildad* procede de los mismos términos raíces que *suelo*; una nueva vida brota del fértil terreno de la humildad. Mientras tanto, el orgullo y el resentimiento egoísta no producen nada en nuestros corazones que no sea la muerte, hierba seca. Cuando practicamos tiempos de autoexamen en oración, podemos ver las malas hierbas obcecadas en nuestros propios corazones que están ahogando la vida de nuestras familias.

¡Y hasta ellas lo *notarán*!

Revélame, Señor, los ámbitos en los que no lo estoy haciendo bien, y dame la fuerza de cambiar.

Instrumento de paz

Mientras esperamos los días en los que nuestros esposos e hijos nos bendigan con gratitud y apreciación, es posible que queramos pronunciar la oración de San Francisco de Asís, y hacerla nuestra (mis añadidos están entre paréntesis)

Señor, haz de mí un instrumento de tu paz.

Donde haya odio, ponga yo amor. *(Cuando mis hijos se gritan el uno al otro, haz que no añada yo mi propia voz al caos. En su lugar, dame la sabiduría de guiarlos de regreso a la armonía entre ellos.)*

Donde haya ofensas, ponga yo perdón. *(Cuando los sentimientos de mi hija hayan podido ser heridos, que yo pueda ayudarla a perdonar.)*

Donde haya duda, ponga yo fe. *(Cuando mi marido se preocupa por nuestras finanzas, haz que yo pueda apoyarlo y ayudarlo a recuperar su confianza en tu providencia.)*

Donde haya desesperación, ponga yo esperanza. *(Cuando mi hija crea que nunca aprobará su examen de matemáticas, haz que yo pueda alentarla y darle confianza para que lo haga lo mejor posible.)*

Donde haya tiniebla, ponga yo luz. *(Cuando mi marido no pueda ver futuro en su trabajo, que yo pueda darle mis percepciones de una forma constructiva que lo ayuden a ganar una nueva sensación de dirección.)*

Donde haya tristeza, ponga yo alegría.
(Muéstrame la forma de consolar a mi hijo tras la muerte de nuestra amada mascota. Dame las palabras para devolver la sonrisa a su rostro.)

Oh, Maestro, haz que yo no busque tanto el ser consolado como consolar. *(Ayúdame a no retener mi empatía por la decepción de mi marido en el trabajo, porque no sienta que él sea lo suficientemente empático hacia mis propias preocupaciones laborales.)*

El ser comprendido, como comprender. *(Recuérdame que no espere que mi adolescente vea mi perspectiva cuando nunca ha sido madre ni se ha enfrentado a las responsabilidades de adultos; pero yo sí he sido adolescente, y puedo recordar cómo era y concederle el beneficio de mi comprensión.)*

El ser amado, como amar. *(No esperar a expresar mi amor por mi esposo hasta que él me diga "Te amo"; y exactamente en la forma que yo quiero que me lo diga.)*

Porque dando es como se recibe, perdonando es como se es perdonado y muriendo es como se resucita para la vida eterna. Amén.

La vida familiar no es fácil. Exige a diario pequeñas muertes a nosotras mismas, y nos ofrece incontables oportunidades de expresar el amor de Cristo. Nos proporciona mil momentos todos y cada uno de los días para bendecir y ser bendecidas por las personas con quien compartimos una casa.

Amado Dios, gracias por mi familia.
Haz que me preocupe más por bendecirlos
que porque ellos me bendigan a mí.

Un cambio radical

Vivimos en un mundo en el que hemos aprendido que no podemos conseguir algo a cambio de nada. Todo se resume en: "Tú me rascas la espalda a mí, y yo te la rasco a ti". Aprendimos el principio cuando éramos muy jóvenes, quizás en la guardería, cuando algún niñito o niñita nos dijo: "Dame tus canicas, y yo te daré mi Cracker Jacks". Cuando crecemos, entendemos que no llegaremos lejos en la vida —ni ganaremos dinero— si no nos esforzamos. La ropa bonita, los autos y las casas —todo lo bueno que este mundo tiene que ofrecernos— cuestan dinero, y la mayoría de nosotras solo lo conseguimos si trabajamos a cambio. Tenemos que ganarlo.

Tendemos a extrapolar estas percepciones, a las que tanto nos costó llegar, a la vida de nuestras familias. Incluso aunque oremos las palabras de la hermosa plegaria de San Francisco, no entendemos que las perspectivas de nuestra sociedad están moldeando nuestras acciones y nuestras actitudes. Amar a nuestras familias con el amor de Cristo exige un cambio radical en nuestros corazones y nuestras conductas.

Hemos hablado del saludable toma y da que circula como la sangre por el cuerpo de Cristo, pero es algo muy distinto a la actitud de "yo te rasco la espalda si tú me rascas la mía" que todas hemos aprendido. La perspectiva de nuestra cultura declara: "Te daré algo *después* de que tú me hayas dado algo a mí". Se ha revertido lo que ocurre en el cuerpo de Cristo, donde damos gratuita y continuamente.

Al bendecir a los demás en nuestro hogar, la bendición fluye de nuevo hacia nosotras de forma natural, igual que la respiración entra y sale, pero no funciona si pensamos que podemos controlar cómo y cuando recibimos bendición. Cristo nos pide que amemos como Él amó, sin condiciones ni expectativas. Una familia sana experimentará el flujo normal del amor, dentro y fuera, entre sus miembros, pero para que esto ocurra, debemos rendir nuestra necesidad de estar en control. En lo profundo de nuestro interior, donde todavía consideramos en secreto que nuestras necesidades son más importantes que las de nadie más, podemos aprender a rendirnos y sencillamente confiar en el amor de Dios, tal como fluye hasta nosotras, por medio de nosotras, y desde nosotras.

Este reajuste en nuestra forma de pensar nos reta. Nos cambiará por dentro y por fuera. No solo nos relacionaremos de un modo distinto con nuestras familias, sino que también vendremos a Dios de un nuevo modo.

Nuestras suposiciones sobre cómo funcionan las relaciones han moldeado cómo pensamos en Dios. Suponemos que Él obra desde los mismos principios que aprendimos en ese mundo donde perro se come a perro. En lo profundo de nuestros corazones, creemos que tenemos que ganar su favor. Pensamos que Dios solo nos da si le damos. Así que intentamos ser buenas. Nos esforzamos por parecer cristianas por fuera. Seguimos todas las normas. Nunca lo hacemos lo bastante bien, por supuesto. Independientemente de lo mucho que lo intentemos, nunca podremos cambiarnos y ser mejores.

¡Y no importa! Dios pone nuestras normas humanas patas arriba. Nos da cuando no hacemos absolutamente nada. Nos da cuando no merecemos nada. Nos da a pesar de todo. La vida y la muerte de Cristo es la encarnación de la naturaleza dadora de Dios, su compromiso de darnos absolutamente todo, por quemadas que podamos estar. Eso es gracia.

La gracia no pide nada, excepto confianza. Nos pide que dejemos nuestros propios esfuerzos para que la gracia pueda obrar por medio de nosotras. Cuando abrimos nuestros corazones, la gracia fluirá hasta nosotras, y desde nosotras a nuestras familias.

Dios de amor, gracias por tu amor infinito,
incondicional y por la gracia. ¡Parece
demasiado bueno para ser cierto! Enséñame
a creer. Ayúdame a confiar. Cámbiame.

Mareas de amor

Cuando pensamos de nuevo en esos momentos en que sostuvimos por primera vez a nuestros bebés, recordamos la marea de amor que nos inundó. Si era nuestro primer hijo, tal vez nos asombró la intensidad de nuestros sentimientos. Todas las hormonas de nuestro cuerpo y las profundidades más hondas de nuestro corazón fluyeron juntos en una enorme inundación de amor. Supimos que moriríamos literalmente por el pequeño ser humano que teníamos en nuestros brazos.

En los días siguientes, descubrimos que la maternidad no era exactamente la cosa hermosa y de color de rosa que pudimos esperar. Privada de sueño y con las hormonas revueltas, descubrimos que no éramos el centro del mundo como una vez supusimos. Nuestras necesidades de consuelo y entretenimiento, de independencia y control, todo pasó a un segundo plano por las insistentes necesidades de otro. Nos vimos obligadas a dejar a un lado nuestro ego vociferante, para poder cuidar de nuestros bebés, quienes dependían de nosotras para la existencia misma. De buen grado o no, hicimos lugar en nuestra vida para que naciera el amor de Cristo. Nos vaciamos, como Él hizo, y fuimos quebrantadas para que otro pudiera vivir.

Ese amor sigue estando ahí, en el trasfondo, mientras nuestros hijos crecen. No necesitamos pensar en ello —ni sentirlo— para saber que está ahí. En el mismo momento, nuestro amor por nuestros hijos crece y se amplía. Nos pide nuevas cosas. Ya no necesitan que nos levantemos en mitad de la noche para alimentarlos; en su lugar, conforme se van haciendo adolescente, esperamos despiertas hasta que regresan a casa. No tenemos que preocuparnos de entrenarlos para ir al baño; ahora lo que nos preocupa es enseñarlos a conducir de un modo seguro. De algunas maneras, la maternidad se facilita cuanto mayores se hacen nuestros hijos; y, en otras formas, se vuelve más y más difícil. Exige que rindamos cada vez más nuestro control. No tenemos elección, sino dejar ir a esos amados individuos, esas personas por las que todavía daríamos nuestra vida, y permitir que nos abandonen, tanto física como emocionalmente.

Antes de que el poder de la resurrección pueda nacer en nuestra vida, escribió William Law, un autor espiritual del siglo dieciocho, "debe producirse una especie de terremoto en nuestro interior, algo que nos desgarra y nos sacude hasta lo más profundo". La maternidad puede ser esa especie de terremoto en nuestros corazones. ¡Seguirá sacudiéndonos y desconcertándonos durante el resto de nuestras vidas!

La maternidad es un trabajo a tiempo completo que no acaba ni cuando nuestros hijos son mayores e independientes. Aunque ya no vivan en el hogar con nosotras, nuestras relaciones con ellos exigirán que sigamos mirando a mayor profundidad en nuestros propios corazones. Se nos llamará a morir a nuestros egos de nuevas formas.

Y Dios estará con nosotras durante toda la experiencia. Así como nos usa para bendecir a nuestros hijos, nos bendice a nosotras. Nos ama incluso más de lo que amamos a nuestros hijos.

Gracias, Dios, por amarme. Gracias por todo lo que me estás enseñando por medio de mis hijos. Bendícelos, te ruego, tanto como ellos me bendicen a mí.

Muros

Todas tenemos muros erigidos en torno a nuestros corazones, muros designados para proteger nuestros derechos, nuestra individualidad, nuestros intereses. Esos muros pueden parecer una necesidad en el mundo en el que vivimos, pero lo que tienen los muros es esto: no solo nos protegen, sino que también mantienen a las personas —y a Dios— fuera.

Cuando vivimos de un modo cercano en una casa familiar, aprendemos a respetar y amar a los demás como a nosotros mismos, al principio podemos encontrar un ladrillo aquí y otro allí que necesita ser eliminado de nuestros muros cuidadosamente construidos. Al rendirnos a la acción del Espíritu en nuestras vidas, descubrimos que las secciones completas se tambalean y caen. Finalmente, a medida que transcurren los años, toda la estructura se derrumba como los muros de Jericó. La vida familiar, por su propia naturaleza, exige que esos muros altos y egoístas caigan a plomo. El proceso es incómodo, doloroso y hasta aterrador. Pero Dios sabía que era la única forma de que aprendiéramos a amar de verdad y a ser amadas.

Cuando los muros han caído, cuando nuestros corazones están desnudos y expuestos, Dios también tiene libertad para entrar en nuestros corazones de formas nuevas e íntimas.

Como madres, ya no tenemos el lujo de posponer nuestro crecimiento espiritual para otro día más fácil (un día, por ejemplo, en el que tengamos, más tiempo, cuando por fin tengamos alguna paz y tranquilidad solo para nosotras). En su lugar, las necesidades de nuestra familia exigen que, de alguna manera, reconozcamos el rostro de Jesús en un millar de formas pequeñas y concretas. Necesitamos, de algún modo, verlo en medio de pañales sucios, sándwiches de manteca de cacahuete y niños que se pelean. Es necesario que sintamos su presencia fluir a través de horarios frenéticos, del transporte compartido, en las tareas domésticas y las horas de las comidas, y en el rostro de nuestras familias.

Hacer esto es, con frecuencia, un reto enorme. ¡Cualquiera que diga que es fácil está mintiendo! Para ayudarnos a ver con mayor claridad, con los ojos de nuestro espíritu, quizás queramos probar este ejercicio de vez en cuando para ayudarnos a ver a Jesús un poco más claramente: vuelve a ser una niña y practica tus poderes de pretender. La próxima vez que sepas que te aguarda un día particularmente estresante, decide fingir que Jesús está reamente a tu lado, en forma física. Mientras llevas a los niños a la escuela, imagínalo sentado a tu lado o detrás de ti en el auto. Aunque estés sentada detrás de tu escritorio en el trabajo, o estés realizando las tareas del hogar, imagina que Él está justo a tu lado. No solo observa tu trabajo, sino que también te echa una mano.

Permítete hablar con Jesús durante tu día. Quéjate a Él. Ríe con Él. Escúchalo. ¿Qué te está diciendo?

Al final del día, mira en retrospectiva y evalúa tu día. ¿Cómo cambió tu conducta al imaginar la presencia física de Cristo a tu lado? ¿Cómo afectó esto tus emociones?

¿Y qué encierra este ejercicio? No solo se trata de pretender. Jesús *está* realmente junto a ti todo el día.

Jesús, gracias por ser mi compañero incluso en mis días más ajetreados. Perdóname cuando te ignoro. Nunca trataría a otra persona con tanta rudeza, y sé que a veces te trato a ti así. Cuando esto ocurra, te ruego que me des un toque. Recuérdame que estás ahí.

Pon en práctica el amor

Nuestro hogar familiar es el lugar donde cada miembro de la familia aprende sobre el amor. El amor puede ser una cualidad espiritual, pero también es una forma tan práctica de tener los pies en la tierra como el aire que respiramos.

Como seres humanos necesitamos amor. De hecho, los psicólogos nos dicen que el amor es tan necesario para nuestras vidas como el oxígeno. Cuánto más conectados estemos a los demás y a Dios, mejor salud tendremos, tanto física como emocionalmente, y cuanto menos, más riesgo correremos.

Nuestra cultura tiende a creer que el amor "sucede sencillamente". Si no sentimos suficiente amor en nuestra vida, entonces no somos una de las personas afortunadas. Pero el amor no funciona así. El psicólogo Erich Fromm denominó el amor como "un acto de voluntad". Para sentir amor en nuestras vidas, tenemos que decidir actuar en formas amorosas. Tenemos que poner nuestro amor por Dios y por los demás en práctica.

Existen formas concretas de hacer esto en el seno de nuestras familias. Aquí tienes algunas de ellas:

    ☞   Enfócate en Dios y en tus hijos y tu marido. No te obsesiones en tus propias preocupaciones. En su lugar, cambia el foco de tu atención hacia fuera de ti misma. Mira a Dios. Observa a la persona que está junto a ti (sea tu marido, un hijo, una amiga, un compañero de trabajo, o un extraño que has conocido de pasada).

- Desvíate de tu camino para ayudar a otra persona. Observa las necesidades que te rodean, y haz algo práctico para suplirlas, incluso con pequeños gestos.
- Practica el considerar las cosas desde otras perspectivas aparte de las tuyas. Esto podría significar algo tan simple como imaginarte en el lugar de tu adolescente. También significa escuchar realmente cuando tu hijo habla.
- Permítete absorber la perspectiva de Dios a diario, a través de las Escrituras y la oración.

El amor de Dios no tiene fin. No necesitamos hacer nada para merecer ese amor o acercarlo a nosotras. Pero *hay* formas en que podemos permitir que el amor fluya por medio de nosotras a nuestras familias, y dejar que bendiga sus corazones, así como el nuestro.

Gracias, amoroso Dios, por mi familia. Gracias
por el amor que siento por cada miembro, y
gracias por el amor que tienen por mí. Úsanos
a todos, te lo ruego, para que nos enseñemos
unos a otros más de ti y de tu amor.

PARTE XIX

Engañoso es el encanto y pasajera la belleza;
*la mujer que teme al S*ᴇÑᴏʀ *es digna de alabanza.*
¡Sean reconocidos sus logros,
y públicamente alabadas sus obras!

—Vᴇʀsíᴄᴜʟᴏs 30-31 ɴᴠɪ

Prueba de valor

La mujer de Proverbios 31 cuida de sí misma y de su aspecto, pero también sabe que hay más cosas de las que ocuparse aparte de su apariencia. Sabe que su forma de interactuar con los demás es importante, pero las aptitudes sociales (o el encanto) no son tan importantes como la integridad. La mejor prueba de su valor está en sus actos.

Aunque esto es cierto, no necesitamos permitir que su ejemplo aliente nuestra tendencia al perfeccionismo, Dios no exige que seamos perfectas ni nuestras familias tampoco.

Con demasiada frecuencia somos más duras que nadie con nosotras mismas. De vez en cuando, recuerda escuchar tu silencioso diálogo interno, por ejemplo, la próxima vez que te pruebes un bañador en el probador de una tienda. ¿Qué dice esta vocecita? ¿Está señalando cada protuberancia y cada hueco? ¿Es una voz áspera y burlona? Ahora imagínate que era una amiga —o tu hija— quien se probaba el traje de baño. ¿Enumerarías de forma despiadada cada defecto que vieras? ¿Los notarías siquiera? Aunque lo hicieras, aunque ese bañador en particular no fuera una buena elección, seguirías centrándote en lo positivo todo lo que pudieras. ¿No atemperarías tu sinceridad con bondad y amor?

Como madres, la mayoría de nosotras sabemos que necesitamos afirmar a nuestros hijos y maridos. No somos perfectas al hacerlo ni con aquellos a quien más amamos, pero aun así nuestro objetivo es, en general, edificar a nuestros seres amados en lugar de destrozarlos. Necesitamos practicar esas mismas destrezas con nosotras mismas.

Podrías probar este ejercicio: la próxima vez que te sientas disgustada por tu apariencia o por algún otro aspecto de ti misma que no te parezca dar la talla, trátate con la misma amabilidad que si fueras una niña angustiada. Intenta demostrarte a ti misma el amor que se describe en 1 Corintios 13, y formúlate estas preguntas:

- ✿ ¿Eres paciente contigo misma?
- ✿ ¿Eres amable contigo misma?
- ✿ ¿Te deshonras? ¿Te respetas?
- ✿ ¿Te sientes enojada contigo misma? ¿Te perdonas por ser menos que perfecta?
- ✿ ¿Llevas un registro de todas las cosas malas que hayas hecho jamás, y las recuerdas una y otra vez?
- ✿ ¿Te proteges (de un modo saludable)?
- ✿ ¿Confías en ti?
- ✿ ¿Tiras la toalla respecto a ti? ¿O sigues intentándolo y esperando?

Señor, ayúdame a amarme con tu amor. Sana mis heridas, y hazme entender que estoy llena de honra, porque tú vives en mí.

Satisfecha

Si al menos estuviera casada, solía yo pensar cuando estaba soltera, *sería más feliz.* Y después me enamoré y me casé, y sí, el matrimonio era maravilloso... pero casi de inmediato empecé a pensar: *Si tuviéramos nuestra propia casa...* Y después fue: *Si pudiéramos tener hijos...* Y, después: *Si pudiera lograr esta meta profesional.*

Es bueno tener metas; nos ayudan a encontrar dirección y a mantenernos enfocadas. Pero es necesario recordar que ellas no pueden proveer una respuesta verdadera a nuestra insatisfacción con nuestra vida o con nosotras mismas. Independientemente de lo mucho que nos esforcemos y luchemos, nunca alcanzaremos realmente el ideal que, según creemos, nos aguarda más allá del horizonte. Esa no es la forma de hallar la fuerza y la serenidad de la mujer de Proverbios 31.

Sin embargo, rara vez estamos satisfechas con la vida, y en particular con nosotras mismas. Independientemente de lo mucho que logremos, siempre sabemos que tenemos que llegar más lejos en nuestro viaje sin fin a la perfección. Si estamos intentando perder peso, por ejemplo, cuando perdemos los dos kilos y medio (cinco libras) que esperábamos bajar, en lugar de tomarnos un momento para darnos una palmadita en la espalda, al instante ponemos nuestra atención en los *siguientes* dos kilos y medio. No es de sorprender que a veces estemos tan exhaustas, que nuestra vida parezca una lucha. Somos como personas sedientas que andan a tropezones por el desierto, hacia los espejismos que retroceden constantemente.

Es lo que tienen los espejismos: que nunca los alcanzamos, porque no son de verdad. En realidad, cada uno de nuestros días está lleno de pequeños logros. Es necesario que los reconozcamos, porque poco a poco se acumularán. Si solo queremos aceptar la perfección en nosotros mismos, y nada menos, siempre estaremos desalentadas. Es inevitable que nos frustremos. Finalmente, es posible que tiremos la toalla.

Dios no quiere que sigamos los espejismos de la perfección. En su lugar, su gracia nos proporciona la fuerza de caminar paso a paso, deleitándonos en los gozos de este momento presente, con todas sus imperfecciones. Él quiere que nos deleitemos siendo nosotras mismas ahora, al estar en su presencia. "Mi gracia es todo lo que necesitas; mi poder actúa mejor en la debilidad. Así que ahora me alegra jactarme de mis debilidades, para que el poder de Cristo pueda actuar a través de mí".

Gracias, Señor Jesús, por tu gracia sin fin que no me pide nada, sino que me rinda a tu amor.

Consuelos del corazón

Como mujeres, todas necesitamos aliento de vez en cuando. Aquí tienes algunas palabras de consuelo para nuestro corazón y para que nos hagan sonreír:

Cuando eres madre nunca estás realmente sola en tus pensamientos. Una madre siempre tiene que pensar dos veces una por ella misma, y una por sus hijos.
SOFÍA LOREN

Estás haciendo la obra de Dios. Lo estás haciendo maravillosamente bien. Él te está bendiciendo, y te bendecirá incluso —no, en especial— si tus días y tus noches pueden ser los mayores retos. Como la mujer que... a codazos se abrió camino entre la multitud solo para tocar el borde del manto del Señor, así que Cristo les dirá a las mujeres que se preocupan y se preguntan y lloran por su responsabilidad como madres: "Hija, ten ánimo, tu fe te ha sanado". Y también sanará a tus hijos.
JEFFREY HOLLAND

Creo que... cada madre siente probablemente lo mismo: Pasas por muchos periodos de tiempo en los que solo piensas: Esto es imposible; oh, esto es imposible. Y, después, sigues y sigues, y de algún modo haces lo imposible.
TINA FEY

Recuerdo las oraciones de mi madre, y siempre me han seguido. Se han aferrado a mí toda mi vida.
ABRAHAM LINCOLN

No hay forma de ser una madre perfecta, y un millón de maneras de ser una buena.

JILL CHURCHILL

La frase "madre trabajadora" es redundante.

JANE SELLMAN

No es fácil ser madre. Si lo fuera, los padres lo harían.

DOROTHY EN THE GOLDEN GIRLS

En ocasiones, cuando quiero llevar el mundo a cuestas intento recordar que es igual de importante sentarme y preguntarle a mi hijo cómo se siente y hablar de la vida con él.

ANGELINA JOLIE

No existe nada parecido a una supermamá. Solo tenemos que hacerlo lo mejor posible.

SARAH MICHELLE GELLAR

Observa que muchas de estas citas son de mujeres modernas que también son madres. Tenemos muchas compañeras en este camino.

Señor, te pido que estés con todas las que somos madre. Que estés con aquellas de nosotras que dirigimos negocios... y hogares. Que estés con aquellas de nosotras que somos famosas... y con las que no lo somos. Haz que todas nosotras llevemos tu bendición a nuestros hijos y al mundo.

Haz lugar... y después espera

La mujer de Proverbios 31 vivía una vida consagrada. Estaba comprometida, se esforzaba mucho, pero más aún, sabía *por qué* trabajaba. Conocía el significado secreto más profundo de su vida, que estaba consagrada a algo mayor que ella.

"Consagrar" significa hacer algo santo, totalmente dedicado a Dios. Podemos pensar que requiere un ritual especial, pero no es así. Un ritual puede ser útil, porque puede ayudar a que nuestra consagración sea real para nosotras, pero solo es una metáfora tangible. Es una forma de ayudarnos a entender algo que es real, pero invisible. El bautismo es uno de esos rituales y expresa algo real —nuestra nueva vida en Cristo— de una forma externa. Hace que nuestra consagración sea tangible para Dios. Dedicar formalmente a nuestros bebés es otra forma en que podemos usar un ritual para expresar la realidad de la consagración. En una dedicación, nos ponemos en pie ante la comunidad de nuestra iglesia y expresamos nuestro compromiso de entregar nuestros hijos a Dios.

Pero después del ritual llega el momento de vivir realmente las promesas que hemos hecho. Tenemos que expresar la consagración de nuestra vida no solo en palabras e imágenes, sino también con nuestros actos. En nuestras formas monótonas, corrientes, una y otra vez tenemos que invitar a Dios a nuestros hogares, a nuestras familias, y a nuestras propias mentes y corazones.

Por usar otra metáfora, piensa en todo lo que preparas para una invitada que viene a tu casa. Barres, aspiras y limpias el polvo; pones sábanas limpias en la cama; estiras y limpias y te aseguras de que tu invitada tenga todo lo que necesita. Consagras la habitación para tu invitada y la apartas como un lugar donde será bien acogida. Y después aguardas su llegada, el momento en que le darás la bienvenida a tu hogar.

Cuando consagramos nuestra vida a Dios, hacemos un lugar en el que será bienvenido. Amorosamente hacemos lugar para su presencia en nuestra vida. Eliminamos cualquier cosa que, de otro modo, ocupará ese lugar. Esperamos tener una mayor consciencia de su presencia. Cuando sentimos que Él está con nosotros, le damos la bienvenida con alegría. Lo incluimos en nuestras vidas.

En el Antiguo Testamento, Josué le dijo al pueblo: "Entonces Josué le dijo al pueblo: "Purifíquense, porque mañana el Señor hará grandes maravillas entre ustedes" (Josué 3:5 nvi). Nosotras, también, podemos esperar que nuestro Invitado Divino haga cosas asombrosas en nuestras vidas. Lo único que hacemos es dejar lugar para Él y darle la bienvenida; y después esperamos a ver lo que sucede a continuación.

Señor, sé el principio unificador en el centro de mi vida, aquello que le da sentido a todo lo demás. Consagra mi vida con tu presencia.

No tan en serio

Una página web llamada the Network, describe cómo podría ser la mujer moderna de Proverbios 31 si se moldeara conforme a las expectativas de la sociedad en lugar de a las de Dios:

Es hermosa; puede ponerse su vestido de boda diez años después. Para hacer esto, esta hermosa mujer hace veinte minutos de ejercicio cada día, un total de tres horas a la semana. Vigila su dieta, prepara comida nutritiva... y es consciente de su salud...

Mantiene su aspecto personal. Analiza los colores, se viste para triunfar, se coordina, armoniza y lleva accesorios a la última moda. Mantiene todo lavado, limpio y planchado, y lo hace con un presupuesto mínimo...

Va peinada, con la manicura y pedicura hechas al estilo moderno... Esta mujer no solo es hermosa, sino también inteligente. Desarrolla su mente leyendo el periódico a diario, nuevas revistas semanales, los mejores superventas mensuales, y mira las noticias en la televisión para mantenerse al tanto de los acontecimientos nacionales e internacionales actuales... Se educa, se informa y permanece alerta, toma clases de educación continuas. Está profesionalmente orientada porque ha desarrollado su mente, y trabaja fuera de casa... Si no lo hace, tiene que realizar todo el trabajo de voluntariado que las mujeres "trabajadoras" no tienen tiempo de hacer, y esto le puede ocupar el mismo tiempo que si estuviese contratada.

Esta mujer hermosa e inteligente también se preocupa por su familia y su comunidad. En el tiempo que le queda,

mantiene la casa inmaculada, y supera así el examen de la
mayoría de las vecinas inquisitivas en cualquier momento.
Su patio se ve como un jardín campestre con jardineras
de flores que cambian con las estaciones. Pasa tiempo de
calidad con sus hijos, juega con ellos, los ayuda con los
deberes, acude a todos los eventos escolares y deportivos,
lleva en auto a sus amigas, mantiene ordenados sus
armarios mientras sirve comidas nutritivas cada día (con
las que siempre disfrutan).

Está involucrada en las tareas de la comunidad, colabora
con los scouts, el banco de alimentos y cualquier obra de
caridad actual... Y lo más asombroso de esta mujer ideal es
que lo hace todo, y cuando se va a la cama por la noche, ni
una vez le dice a su esposo, "me duele la cabeza".[14]

Como deja claro esta página web, las mujeres
mantienen estándares imposibles para sí mismas. Nadie
podría lograr jamás todo lo que hay en esta lista ni
tampoco podría hacer todas las cosas que la mujer de
Proverbios 31 hacía. Simplemente no hay suficientes horas
en ninguna semana para hacer todo esto, incluso si una
mujer tuviera la fuerza física y las habilidades necesarias
para conseguirlo todo.

Pero, nosotras las mujeres, quizás malinterpretamos lo
que se espera de nosotras. Con nuestra fijación en nuestra
propia necesidad por la perfección (siendo conscientes
todo el tiempo de nuestra imperfección), tomamos cada
pequeño consejo o frase de amorosa sabiduría como
una condenación. En cambio, si creyéramos realmente
en nuestra dignidad y valía, seríamos capaces de ver
las descripciones como esta, como una oportunidad

---

14. Peggy Musgrove, "Time Management Tips for Women in Ministry",
    http://ag.org/wim/0507/0507_TimeManagement.cfm.

de reafirmar la fuerza real de las mujeres, de elegir las cualidades que más se adecuan a las nuestras, para aplicar una o dos cosas que podrían hacer nuestras vidas más fáciles, y encoger, entonces, nuestros hombros, poner los ojos en blanco, y reírnos bien fuerte de la tontería de esperar cualquier otra cosa de nosotras mismas.

Señor, enséñame a reírme de mí. Ayúdame a
no tomarme a mí misma tan en serio.

Belleza extraordinaria

Pocas de nosotras nos damos cuenta de la extraordinaria y exclusiva belleza que existe dentro de cada una de nosotras. Tendemos a pasar por alto nuestro propio encanto especial. Olvidamos que dentro de cada una de nosotras se encuentra una belleza extraordinaria únicamente nuestra. Sin embargo, tiene muy poco que ver con nuestra apariencia exterior.

Nuestra belleza nos puede recordar a la mujer de Proverbios 31. Es posible que sea más tranquila, o más atrevida. Podría ser más amable y simple, o más enérgica y complicada. Dios nunca nos pide que seamos como otra persona. Se expresa, de forma única, a través de cada una de nosotras. Nuestras propias formas particulares de belleza nos pertenecen. Nunca las tuvo nadie antes ni las tendrá. Esta belleza única es la imagen de Dios.

La mujer de Proverbios 31 puede ser un ideal alentador que cumplir, pero ella nos quiere dar un modelo que es lo bastante grande como para contener nuestra propia versión de su belleza. No se nos pide que nos midamos por los estándares de los demás; no debemos compararnos unas a otras y competir. Yo no puedo interpretar tu canción ni tú la mía. Somos regalos de Dios unas para otras; somos las canciones que Él nos canta a las unas a través de las otras. Si intentamos fingir ser algo que no somos, amortiguamos la voz de Dios que canta a través de nuestras habilidades y talentos especiales. Si intentamos tener el mismo aspecto que todas las demás, y nos medimos por los estándares de belleza de la sociedad, en lugar de nuestra propia belleza exclusiva, escondemos su rostro las unas de las otras.

Como mujeres, tenemos cosas en común: todas tropezamos en la vida; nos lanzamos y saltamos para atrapar todos los balones de nuestras ajetreadas vidas, nos sentimos abrumadas cuando rebotan y caen alrededor nuestro. Ninguna de nosotras es perfecta.

Queremos serlo. Es más, nos gusta la gratificación inmediata; nos desanimamos fácilmente cuando tenemos que esperar algo. Si el objetivo que tenemos en mente (la perfección, por ejemplo), no se materializa hoy... o la próxima semana... o incluso el año próximo, estamos seguras de que eso significa que nunca se materializará. Nunca cambiaremos, nunca creceremos, nunca llegaremos a ser mejores manejando nuestras vidas agitadas con la paz y las habilidades de la mujer de Proverbios 31.

Pero cuando comenzamos a hablarnos con estas palabras negativas, podríamos echar un vistazo al mundo natural, donde a menudo se logran resultados inmensos con una lentitud inmensa. Gota a gota y grano a grano, se moldean las rocas y se esculpen los cañones. La superficie de la tierra cambia radicalmente de forma lenta, segura.

Nosotras también estamos cambiando con la misma lenta seguridad. Podemos permitirnos ser pacientes con nosotras, pues somos amadas por un Dios paciente. Tiene todo el tiempo del mundo para hacernos completamente hermosas, plenas y completas como las mujeres exclusivas que somos. De hecho, tiene toda la eternidad.

Y nosotras también.

Señor, te amo por hacerme a mí, a mí. Te entrego mi ser. Exprésate a través de mí. Úsame para llevar amor al mundo de una forma en que nadie más que yo pueda hacerlo.

Preparada para ti

Una de mis citas favoritas sobre la vida de la mujer la escribió Kathleen O'Connell Chesto en un libro titulado *¿Why Are the Dandelions Weeds?* Cuando estoy desanimada, se me llenan los ojos de lágrimas, aun cuando se me levanta el ánimo.

> *Tengo una visión de todas las mujeres reunidas ante Dios en el día del juicio. El Señor nos dirá: "Tuve hambre y me disteis de comer; tuve sed, y me disteis de beber; estuve desnudo, y me cubristeis; forastero, y me recogisteis; en la cárcel, y vinisteis a mí..."*
>
> *Y nosotras interrumpiremos, protestando: "Yo no, Señor. ¿Cuándo te vi hambriento, y te sustenté?".*
>
> *Y el Señor dirá: "¡Cómo puedes preguntarme, tú, la de los tres millones y medio de sándwiches de manteca de cacahuete y mermelada!".*
>
> *"Pero Señor, ¿sediento?".*
>
> *"Estaba en la fila de Kool-Aid que llegó con el calor y las moscas, y dejó sus huellas en tus paredes y llenó de barro tu piso, y tú me diste una bebida".*
>
> *"Pero ¿desnudo? Señor ¿sin hogar?".*
>
> *"Nací de ti desnudo, y sin hogar, y tú me acogiste, primero en tu vientre y luego en tus brazos. Me vestiste con tu amor, y pasaste los siguientes veinte años llevándome en vaqueros".*
>
> *"Pero Señor, ¿en la cárcel?"*
>
> *"Oh sí. Estaba encarcelado en mi pequeñez tras esos barrotes de una cuna y lloraba durante la noche, y venías. Estaba encarcelado en un cuerpo de doce años que*

estallaba con muchas emociones nuevas; ya no sabía quién era, y tú me amaste y me hiciste ser yo de nuevo. Y estaba encarcelado tras mi enojo adolescente, mi rebeldía y mi conjunto estéreo, y esperaste fuera de mi puerta cerrada hasta que te dejara entrar.

"Ahora, Amado, entra en el gozo que se ha preparado para ti, por toda la eternidad".[15]

Amado Señor, te pido por todas nosotras las mujeres. Ojalá que podamos vestirnos, también, de dignidad y honor. Que podamos trabajar con manos ávidas y brazos fuertes, y que nunca nos asuste reírnos del futuro. Danos el valor de probar nuevas cosas y la compasión de dar a los demás de nuestros propios recursos. Bendice nuestras empresas —todos nuestros proyectos, nuestras profesiones, nuestros negocios—, así como nuestros hogares. Que no giremos nuestras ruedas inútilmente, sino que fluyamos en la corriente de tu amor. Úsanos, te pido, para bendecir a nuestros maridos y nuestros hijos. Danos fuerza para nuestros días ajetreados. Enséñanos que cada una de nosotras somos verdaderamente hermosas, porque tú nos amas.

15. Kathleen Chesto, *Why Are the Dandelions Weeds?* (Kansas City: Sheed & Ward, 1993), pp. 146-47. Usado con permiso.